我不是最耀眼的
但可以是最努力的

許 傑 輝 的 管 家 心 理 自 學 法

許傑輝 著

我跑得比較慢，也跑得不夠好，
但仍然一直努力往前跑。
從小助理到導演，從臨時演員到入圍男主角……
只有一個目標，我只想做好一個演員。

我很適合做服務業。
不管是端盤子的服務生、
豪宅管家、演藝工作……
能帶給人們快樂是我樂此不疲的事。

沒人鼓勵你的時候就自己鼓勵自己啊，
沒人讚賞你的時候就（　　）填空題。

很多寶藏都藏在細節裡，
就看你要不要細心地、
努力地去挖掘。

【推薦序①】

用心做，用心學

《火來了，快跑》《比句點更悲傷》
《你好，我是接體員》作者　大師兄

一開始看到出版社給我的訊息，我有點嚇到，沒想到這輩子還有機會寫藝人的推薦序！

話說看到輝哥大名，我必須承認，很少看電視的我，當下反應是，「我知道他是演員，但是我一時想不到他的作品！」

很抱歉，不愛看電視的我真的沒什麼印象。於是我打開電腦，稍微查詢了一下。當我看到他的紛絲專頁，看到當時的ＰＯ文，啞然失笑。

「槓龜次數累積十四次，跟我背後座位號碼一樣」

我小時候就有一個觀念，就是「最好的幽默，從幽默自己開始」。看到輝哥如此看開，還能順便調侃，老實說，真的很棒！於是我繼續查了一下他的作品，腦中慢慢想起。「啊！對，就是他」這個念頭。也幸好是這樣，讓我在閱讀這本書時，不是看一個名人的自傳，而是看一個普通人的努力過程及獨特想法。

在輝哥的書中，我看到的是滿滿的熱情，那熱度堪比我現在任職的火葬場！而且，我也很能體會那種感覺。

尤其看到輝哥寫在當管家那段，特別有感。

我是個很細心的人，也很熱愛我的工作，而人生大半時間都在做服務業的我，並不覺得自己低人一等，反而樂在其中。就像輝哥說他會觀察辜家各個人的喜好跟反應一樣，對於我來說，我在便利商店當店員時，也很喜歡觀察人的喜好。誰進來會買什麼菸？誰進來我就可以先沖杯冰拿鐵，誰進來我就知道今天包子機裡面的包子不用報廢了，有新品可以推薦給誰，誰會對特殊節日團購有興趣……等等這些，在上班不到三個月，我就搞定了。

有人會說，不就是個店員，啊你那麼認真幹嘛？拿十大傑出店員喔？

其實，這是對自己工作的尊重，也是讓自己在工作中更開心的一個方法。假如都是進門機械式的「您好，歡迎光臨」，離開時「拜拜，謝謝惠顧」，那麼誰都可以取代你。你的價值、你的服務，顧客們都看不到，有朝一日，你就會被淘汰。

每個職涯裡面，都可以學習到東西，在便利商店我學到「觀察」；在看顧運鈔車時學到「細心」；我開雞排店學會「現實」；我在當看護學到「冷暖」；我在殯儀館冰庫學到「無常」，我在火葬場學到「放下」。

任何工作，我都會用心做，用心學。

所以看到輝哥的書，真的很有共鳴。我也不是個會讀書、愛讀書的人，我同樣也是靠著自己的熱情，以及肯學習的心態，然後跟輝哥一樣，找到屬於自己的一片天地。

很開心今天能夠幫輝哥寫推薦序，雖然不曾見過面，但是透過這本書，我也認識了輝哥這個人，更透過他的臉書，看著他現在務農中又在追求自己夢想的生活，有這樣的人生，真的很夠了。

我想輝哥對大家來說，拿不拿獎已經不重要，因為他已經是最棒的了！

【推薦序②】

你是否走在夢想的路上？

《每道人生的坎，都是一道加分題》作者　莎莉夫人

從螢幕上認識進而欣賞許傑輝，是從「全民大悶鍋」模仿秀開始的。「來，阿姑親一下！」成為當時社會的流行語。

許傑輝從小就發現自己的特質，他熱愛表演，喜歡從細微處觀察人。找到自己喜歡什麼，再苦、再累，也不放棄，那就是你的天命。

這不是一本成功學的書，許傑輝是經歷過挫折與等待的人。透過他誠實的書寫，讀者跟作者一起體驗「我不是最耀眼的，但可以是最努力的人！」成功的定義不是在什麼年紀，做了什麼事；而是你是否一直走在實踐夢想的路上。

【自序】

找到鼓勵自己的方式

大田出版公司找我出書。

我很好奇為什麼要找我？我也沒有什麼成就，學歷也只有到西湖高級工商職業學校畢業，實在不符合成功人士出書的標準。他們的回答是：「我們有調查了一下，你好像是個屢戰屢敗、屢敗屢戰的人，這個點滿有意思的。」哇哩咧！

如果用分享挫敗的經驗，自己如何調適……如何自我鼓勵……那我可以講的故事真的是滿滿的一大桌，很澎湃呦。

於是就開始動筆，但沒什麼文學基底的我，寫的過程很跳躍又容易分心，進度也嚴重落後，跟小時候寫作業永遠交不齊一模一樣……還好找來高手幫我編整內容，細節再自己修改。

我媽媽最喜歡看我趴在桌上寫東西、每次趕劇本或像這次寫這本書，媽媽總是會幫我倒一杯茶，拍拍我的肩膀，好像是在鼓勵我，也提醒我不要太累。

然後選擇一個可以看到我的位置坐下，我大概就知道她準備要說什麼了。

「報應啦！這嚨是報應啦！哈哈哈！」最後這三聲哈！哈！哈！彷彿有開echo的震撼，她接著說：「你小時候功課作業都沒寫，當年讓你躲過了，現在長大還不是要寫來還！小時候老師叫你背的課文都沒有背，長大了老天爺就要你背劇本……這一切都是報應啦，哈哈哈。」

我都五十六歲了，我媽媽永遠都會記得ㄉㄧㄤ我這件事。

這不是一本什麼文學作品，這是我在成長過程中遇到的種種挫敗——學習、療癒、再失敗，自己找到鼓勵自己的方式。我的方式不見得適合你，但如果讓你有不同的想法或讓你開心，絕對是這本書最有意義的地方。

目錄 CONTENTS

PART 01

熱情的努力──我的表演魂

PART 02

樂在其中的努力——我的服務魂

目錄 CONTENTS

PART
03

專業的努力——我的夢想魂

PART 04

創造的努力——我的挑戰魂

PART 01

熱情的努力
——我的表演魂

沒有排練的即興表演

我不知道什麼會決定未來？
但九歲在宮廟裡的一次公開表演，
那是場沒有排練的即興演出，
長大後回想起來……
總覺得那次的神蹟就像是解封我對表演狂熱的一道靈符。

我生在一個大家族，阿公是農夫，農業時代的人們沒什麼休閒娛樂，所以阿公和阿嬤就生了十二個小孩。

第二代各嫁娶後，到了第三代內外孫，加一加六十多位，所以每次家族聚會親戚百來人好不熱鬧。

我喜歡這種聚會的上半場，因為太多小朋友可以玩在一起。

我討厭這種聚會的下半場，因為大人聊著聊著總喜歡炫耀孩子們的成績，看到這裡應該就猜到我從小功課不好了吧。

鄉下吃飯的大圓桌，能坐下來的都是有年紀輩分的，站在後面一圈的都是等著要夾菜的，我們小孩都是拿著碗，哪邊有空位哪邊涼快去。

早上五點的鬧鐘

討厭的戲碼差不多都會在吃到一半的時候突然登場！

「阿公！我們家阿宏這次演講比賽全校冠軍ㄌㄧㄡ！」

這位嬸嬸話音剛落，另一位嬸嬸立馬接著揚高音：「阿公！我們阿洲今年考上建中，阿娟珠算比賽是北市第一名ㄋㄟ！」另一位叔叔急插話進來：「最了不起是我們家美玲考上台大啦！」嬸嬸用歌仔戲的腔調強調建中、第一名、考上台大這些關鍵詞，只差沒揮彩帶拿羽扇跳舞。

阿公立刻很高興地各挾一塊雞肉到好成績孫子的碗裡。

嬸嬸們的戲還沒唱完呢……其他親戚也開始七嘴八舌炫耀自己家的孩子。

阿公笑得合不攏嘴：「考上大學！按呢來放個鞭炮吧！」

當時考上公立大學很不容易，所以演變出流行放鞭炮，就怕左鄰右舍不知道，要刻意高調！再高調！炫耀！再炫耀！

到這邊都還沒有發現我對不對？

我也想吃有著榮譽味道的雞肉啊！可是從來沒機會可以上前讓阿公挾給我。眼睛一瞄看到角落，媽媽的表情怪怪的，我不知死活地靠過去她身旁，聽到她咬牙切齒小小聲地說：「你嘛卡好心ㄟ，考一張一百分，讓我也能挾塊阿公的雞肉呷看嘜！」

媽媽的嘴脣文風不動，卻可以把聲音傳出來！

我驚豔到～～～太神了！

台灣人叫「咬牙根說話」。

我不在媽媽羞愧憤怒的情緒裡，完全只注意這是什麼技巧（類似腹語），我超想學的，原來媽媽根本是被家庭主婦耽誤的腹語大師啊！

每次家族聚會後，我發現媽媽好像很委屈受辱，因為我成績差，回到家裡她就獨自坐在客廳掉眼淚。我覺得很對不起媽媽，心想：好，我也要用功考一張一百分，媽媽就會有面子了。

不擅長讀書的我問資優生堂哥讀書的訣竅，他很得意地說：「人家我們早上五點就起來讀書了！」講到五點不只拉長音，還用手比出放射狀的五，就是演講比賽那種誇張的表現方式。這一套也太做作了吧，×的，讀書就讀書，五點就五點，幹麼那麼假掰！

第二天早晨五點，鬧鐘──「ㄌㄧㄤ～」我就起床、打開桌燈用功讀書。媽媽睡眼惺忪地問：「你鬧鐘怎……」一看倒抽一口氣，彷彿看到我背後發出七彩祥光，頭髮都豎直了。我很乖巧地對媽媽微笑，繼續念書。

穿著寬鬆睡袍的媽媽慢動作似地把裙襬順好坐下來，在旁邊凝視著我，臉上神情瞬間回到久違了的溫柔，可能是太感動了。

我的「特質」和別人不一樣？

時間一跳，如果這是在拍電影，下一個畫面真會嚇死你們！

原本眼眶含淚的慈母翻臉變成嘴巴噴火的哥吉拉，「你考這什麼成績呀？34分？你是怎麼考的？你是眼睛都沒看嗎？上一次還有43分……」

媽媽一手拿著考卷，氣得不停顫抖著，我低著頭原本是懺悔的，但考卷上大大的紅色數字3和4忽然在我眼前跳起舞來，對吔！上次也是它們倆穿著紅色舞衣在白色地板上，隨著悠揚的樂曲跳起探戈……

我忍不住閉上眼，陶醉地說：「嗯，都有3也有4啊，呵呵！」畢ㄘㄟ（台語：形容尖銳分叉的聲音）的責罵聲把我拉回現實，我趕緊加上一句：「媽媽對不起，是因為我眼睛看不清……」

結果「楚」那個字還沒講出聲，臉上已經挨了熱辣辣兩記耳光。

我呆愣住，沒哭，為什麼？因為我第一個反應居然是在回想剛剛那個瞬間媽媽的動作——

她是如何使出正手拍跟反手拍？

正手打第一個耳光時，如果因為太氣而用力過猛、焦點跑掉了，再回來反手一定打不準，就跟跳芭蕾一樣，在旋轉的時候一定得看著一個定點；也就是說正手拍要用手腕的力量「啪」地一打，盯著我的臉，緊接著反手拉開，完成的動作就像是黃飛鴻那個招牌動作。

沒錯，我就是這樣「不正常」，注意的地方和一般小孩不一樣。

第一時間我只有感到一點點的挫敗或害怕，也沒多想到媽媽的情緒，我並非沒羞恥心、不知懺悔，而是這樣的動作吸引住我的好奇，引發聯想，又太專注這種特殊感受的延伸，無暇想別的。

而古早的父母多半認為萬般皆下品唯有讀書高，沒想過或許孩子有與眾不同的特質（如果我是媽媽說不定就會立刻考阿輝，叫他跳一段數字舞之類的）。大人們總是要求孩子只要專心課業拿高分得第一，忽略了應該多多了解孩子們真正的特質，也不太懂如何引導孩子們，讓他們樂於探索、學習。

當然也是整體教育環境所影響，使孩子容易掉入大人的限制，痛苦地接受體制化或無法適應而產生偏差的行為。

相信很多人也經歷過這種折磨，從學校到職場，永遠在被打分數，時時感受到互相的傷害……其實我們不是要故意畫錯重點，不是搞叛逆，而是每個人專注的點大不相同。就像我沒辦法考一百分，卻對肢體動作、模仿、聲音、味道、情緒研究著迷。現在可以事後諸葛一下，當時年紀小不知道——哦！原來這就是我的個人特質啊！

許傑輝的
管家心理自學法①

你們還記得學生時期拿過幾次一百分？在班上你差不多都是第幾名？

我國小跟班上另外兩位同學感情特別好，因為倒數三名都是我們三人輪流拿的。

回到剛剛被打兩巴掌的我，淚流滿面，委屈地表示眼睛看不清楚，一邊哭一邊揉眼睛，都揉成兔寶寶眼了，媽媽半信半疑帶我去眼科診所檢查。

醫生要我站在他指定的地點，指著圖表最上面那排圓圈，問我缺口是上下左右哪邊？我又跳脫剛剛悲傷的情緒，竟然很臭屁地對醫生說不用看最上面啦，我直接挑戰最下面字最小的那一排！

我竟然全對！

醫生說：「許太太，恭喜唷！妳兒子的眼睛沒有問題。而且開業到現在，他是第一個小朋友可以看到最下面那一排呦。」我正驕傲呢，轉頭看到媽媽又氣到快翻過去，才驚覺：「啊！媽媽會怪我沒事來花這筆錢，而且她一定會認為我在說謊。」我當時應該是有現今醫學所認定的「閱讀障礙」，自動忽略或看錯筆劃多的字，但我實在不知道怎麼解釋，而且就算講了應該也沒人相信。

一出診所，媽媽已經無法忍耐到家才扁我的怒氣，看到停在診所門口有輛摩托車，車頭菜籃裡有一個木製的衣架，媽媽一手緊緊攥著我，一手用衣架打我，我想跑，但怎麼跑都像是繞著她轉圈圈。（附帶一提，這種打法被我取名為「圓規定點打法」，不知道大家有沒有這種圓規打法記憶呢？）

回家後，媽媽也累了，命令我去佛桌旁跪著，那是我最熟悉的角落。我是真的有些字看不清楚，不知道自己錯在哪？委屈地哭了，鼻涕也流出來了。哭久了滿煩的，開始玩鼻涕，把從牽絲到搓揉成軟軟的鼻涕球，彈到佛桌上刻的動物，「啵！」黏到了一隻鶴，啊哈，再瞄準那隻鹿……

所有事情都有好有壞，從不同的角度看就有不同的感受，我不是要老生常談什麼正能量，那些勵志金句大家去Google就好了。我只是發現在挫敗的過程中找樂子，好像也是從小學會的本領，畢竟常常莫名其妙衰到爆，必須找出能轉移情緒的方法。

當我又用鼻涕球瞄準松樹上的另一隻鶴時，最會惹事生非的角色登場了！隔壁的歐巴桑不敲門也沒按門鈴，開門進來一看到我跪在那邊，立刻興奮地揚著高音大聲地說：「欸？阿娥啊，噢……」然後轉身對著樓梯喊：「在打小孩喔！」於是鄰居們全都知道阿輝又被他媽媽打了。

阿桑那種誇張的音調，活生生的又充滿戲劇張力，留給我極深刻的印象，趕緊記下來。

媽媽委屈地把這一輪發生的事全部快速地講一遍（聽在我耳裡像是兩隻唐老鴨的對話聲呱呱呱……），阿桑突然誇張地倒退一步瞪大眼，說了一句改變我一生的話：「阿娥啊，咁公洗（台語：難道說）你們阿輝的眼睛去卡到陰的喔？」

阿桑看媽媽，媽媽看我，我看媽媽，然後再抬頭看佛桌上的神明，這又是在演哪齣啦？

許傑輝的
管家心理自學法②

所有的事情都有好有壞，
從不同的角度看就有不同的感受。
我從挫敗的經驗中找到轉移負面情緒的方法。

自己找方法

鏡頭再一跳，我被帶到一個奇怪的小廟，那裡的神壇被燻得黑黑的，一大堆神像看起來很詭異。神桌上放了一個大鐵臉盆，裡面飄出木屑燒出的陣陣濃煙，更荒謬的是我被人按壓在盆子上方給煙燻。

我被嗆得邊咳嗽邊說：「媽媽～媽媽～我不舒服。」

煙霧裡恐怖阿桑湊過臉來說：「那就是卡到陰的才會不舒服！」語畢急退。

當時很想回阿桑：那妳來燻燻看，看妳舒不舒服？

被燻得實在快受不了了，也沒人來救我……

我自己找方法！

我偷偷將臉轉側右邊，煙就從臉頰旁邊飄過去，沒多久右邊太燙，再換左邊——

哎呀，好高興，我就是會在困境中找出克服的方法。正得意的時候呢，乩童在身後起乩了，他手裡拿著七根綁成一捆的柳條，踩著七星步，忽然地！在沒有告知的情況下表演全！壘！打！猛力揮打我的屁股！大家可以想像那是多麼可怕的事嗎？乩童嘴裡還嚷嚷著要把我體內的冤親債主打出來！

我當下又痛又慌，乩童接著第二下又要打來了，只見我一邊拚命逃跑一邊求饒，但整屋子的大人全來抓我，把我押回原來的位置，好讓乩童打第二下。

啪！啊～～～

痛到極點竟然真的會變聰明，眼見第三下要打下來了，我急中生智，大聲喊：「我看到了啊～～～（拉長音）」後面這一句台詞更棒：「我！看！得！一！清！二！楚！」

然後才放開嗓子嚎啕大哭。媽媽放心了，阿桑滿意了，乩童得意了，圍觀群眾信服了，淚眼朦朧時看到媽媽雙手奉上一個紅包給乩童，他有偷看一下，我就知道乩童是假的，因為他還沒退駕啊，神明怎麼會急著看紅包到底包多少？回憶著寫到這裡，自己都佩服我自己了。

怎能臨危不亂、急中生智，演到在場的每個人都相信我真的被神明救贖了呢！那年我九歲。

永不放棄的熱情

請問你們誰還會開根號？
化學元素表你還背得出幾個？
求學過程中，好多東西一定要背是因為會考，但好像就是與我無緣；而很多人覺得不重要的，沒有用的，我卻樂在其中，偏偏長大後都用得上。
教育的目的是贏在起跑點？享受學習過程？還是贏在終點？成功失敗的定義是什麼？小時候的我完全在狀況外，但好像這樣也……好。

▶學豬叫可以當飯吃嗎？

經過乩童事件後，媽媽半信半疑我的成績會變好，還是要求我早上五點起來讀書，她坐在旁邊盯著。

讀書對我來說很吃力，因為眼睛正常功能啟動比較慢，但我的耳朵功能算得上天賦異稟，可以比一般人聽到更遠處的細微聲音（所以我相信盲劍客的劇情）。小時候家住台北市大龍峒，現在的大同區公所以前是一個屠宰場，中南部養的豬都是半夜走省道（當年十大建設的中山高速公路還沒完工）運送到這邊屠宰、清理，再分送到各菜市場的肉攤。

因為早上五點就起床讀書，但注意力又完全不在課本上（沒有興趣的我很容易分心），這時我居然可以聽到遠遠的屠宰場傳來豬叫的聲音，聽著聽著就很興奮地跟媽媽說：「媽媽！我有聽到豬在ㄍㄡˊ。」

其實這時的媽媽也還在半睡半醒間，被我這麼一說，好像立刻進入翻臉倒數階段——5、4、3、2……而我沒察覺到山雨欲來風滿樓的殺氣！

媽媽問豬是怎麼ㄍㄡˊ？（手腕已在暖身中……）

沒人教過我口技，我竟然可以模仿出豬叫的聲音，自己也很驚訝是怎麼辦到的？媽媽這邊已經快要爆發了，我自己還亂加碼，「媽媽！還有豬被殺的聲音！」媽媽更是一臉狐疑，「豬被殺是什麼聲音？」

我就「ㄍㄡˊㄍㄡˊㄍㄧㄍㄧ～——」發出豬的慘叫聲，她二話不說，又是一秒正反手兩巴掌，我沒哭，反而是媽媽哭了。

「一透早恁祖媽陪你公子讀書，你不好好讀書，在這邊學豬叫。你學這個豬叫以後是能當飯吃嗎？我給你警告喔！以後不准你學這種東西，你如果再學，我就打給你死！」

如果我就這樣聽話、就放棄了，然後勉強自己很不快樂地讀書，成績會變好嗎？

即使遭到壓抑、禁制，內心還是喜悅於我模仿得出豬叫聲，之後也沉浸在模仿各種聲音的練習。

放寒假過年期間，一堆親朋好友齊聚嬸嬸家。嬸嬸家的小孩很會讀書，他們家的牆壁只要是立面的地方都貼滿了獎狀。我看得眼花撩亂時，媽媽上完廁所回來，一坐下就擰我大腿的肉，她又施展腹語術說：「你去看嘍，人家的獎狀都掛到廁所裡了。」

太誇張了吧！我才不相信呢，跑進去一看，鏡子、洗手台、馬桶、馬賽克的浴缸，沒有啊？回頭一看上方的橫梁一排全是獎狀。

當時真想把自己從馬桶沖掉算了。

我逗大家笑哈哈，卻又說我沒路用？

隔幾天，場景跳到一張獎狀都沒有的我家，親戚們來我們家吃飯，吃完飯各自回去就好，怎知慘案竟這麼發生了！媽媽不知道哪根筋不對勁，居然cue我說：「阿輝，來！學個豬叫給大家聽看嘍。」說真的，我是嚇了一大跳！

媽媽：「沒關係，過年期間，來～讓大家開心一下。」

阿輝：「可是妳說……」

親戚們七嘴八舌：「什麼豬叫啦？」「啊真的會嗎？」被媽媽肯定的表情鼓勵到，而且陣陣掌聲已經響起，我就火力全開，盡情揮灑ㄍㄡˊㄍㄡˊㄍㄡˊ。

「啊～唉唷！好像呀！」親戚們有人家裡有養豬的嘖嘖稱奇。

「你們阿輝那ㄟ架嗷啦！」（台語：你們阿輝怎麼這麼棒啦！）

「怎麼會學豬叫，學得這麼像？」

「去當畜牲剛剛好啦！」

媽媽也人來瘋，「阿輝，媽媽來啊喔！」（媽媽左手攤開演磨刀石，右手假裝是殺豬刀在磨菜刀！）母子也沒有排練，媽媽靠近我就殺我一刀，我就學豬被殺的淒厲聲，所有人笑得更大聲了。

氣氛很歡樂，正覺得有稍微彌補一下沒獎狀的部分……

但觀眾永遠是貪婪的、無情的！

「你們阿輝還會模仿什麼其他動物的聲音嗎？」

觀眾開始點歌的概念！媽媽慌了，看著我，我也慌了，看著媽媽。

只好硬模仿狗叫「汪汪汪」、貓叫「喵喵喵」，沒爆點，笑聲中止，這場即興表演收在一個很糟的ending。

「好啦！我們也該回去了啦！唉……」

我永遠記得他們離場時在玄關換鞋子說的那句話，「這個小孩齣，撿角啦（一事無成），沒路用啦！」

聽聽看！有彩蛋。

▶模仿十二生肖

客人走後，我一樣又被罰跪在那個佛桌角落反省、懺悔。

我萬分委屈地想：又不是我自己要表演的，是媽媽cue我的啊……

抬頭看著菩薩抱怨著，突然發現菩薩莊嚴的神情好像對我說：「阿輝，你應該做好更多的準備啊～（鐘聲～咚～）」

對！如果會模仿更多動物的聲音，我就不會被考倒了。

還能準備什麼呢？

靈機一動，有了！每年過年不都會是十二生肖照輪的嗎？不如來研究如何模仿表演十二生肖的口技表演。

在那個沒有Discovery、動物星球頻道，也沒有YouTube的年代，要怎麼找資料，模仿十二生肖的聲音呢？

第一位，老鼠，「吱吱吱吱」不夠精采，慢慢研究後發現弄一點口水在舌尖，頂到上門牙縫用力咂舌，賓果！

牛呢？「哞」這樣誰都會，我的牛聲就進階到用拇指跟食指搓揉左右鼻翼，發出「哞～喔～」的聲音，到學校表演給同學看，大家都說：「哇！好像喔。」我還不忘附贈牛吃草的表情。

下一位老虎就「ㄇㄠˇ」張大嘴擺出架式，反正小孩子表演就很可愛，現在年紀大了表演老虎ㄇㄠˇ就會被嫌棄地說：走開啦！討厭吔！裝什麼可愛啦！

前面三個生肖的聲音研發沒有太折磨到我，但是兔子，完！蛋！了！完全不曉得該怎麼辦，從沒聽過兔子叫聲，嚴重卡關。

在生命過程中，有很多階段是一定會卡關的，不要一直想過不了了、這次死定了、放棄比較輕鬆、躺平比較快，或勉強自己死撐硬闖。

該怎麼辦呢？

我分享我自己的經驗給大家參考看看，很簡單，好好地、單純地去生活，日常生活中一定會給你機會，給你靈感。

就像我不曉得該怎麼模仿兔子的聲音，而我長大後解讀兔子這一關是可以代表很多不可預知的考驗，也許是名利、也許是感情、也許是病痛……保持努力並等待靈光乍現，關卡立破。

許傑輝的

管家心理自學法③

在生命過程中，有很多階段是一定會卡關的，不要一直想過不了了、這次死定了、放棄比較輕鬆吧……怎麼辦？

我自己的方式是好好地、單純地去生活，日常生活中一定會給你機會，給你靈感。

不滿現狀，充分準備

「兔子那關」是爸爸幫我過的。

有一天他喝醉回家，在客廳吐了好大一灘，媽媽破口大罵：「唉唷！要死喔！喝這麼多！抓兔子臭得要死！」我聽到台語「ㄌㄧㄚˇㄊㄡˋㄚ」，以後模仿兔子叫聲就切換成「噁」（嘔吐聲），雖然很瞎，但觀眾有笑就達到目的了。

接著，龍就學舞龍的動作，一九九三年後進階版就是受電影《侏羅紀公園》的影響研發暴龍、雷龍等等的叫聲；蛇「嘶嘶——嘶嘶」要斷斷續續，否則會變成瓦斯漏氣；馬的難度較高，要用嘴脣裡外配合，加上丹田擠壓到喉嚨的力量「嗚咿——噗嚕」；最後的羊、猴、雞、狗都要再加上戲劇化的笑果，才能博君一粲。

可能有人覺得我學豬叫的下場不是很好，還被媽媽嚴重警告，怎麼還敢再繼續玩下去？

可是我就是喜歡，也不認為是勇敢或想挑戰什麼，只單純地覺得收集、研發口技的過程好快樂，我要準備更多，雖然還是年年被嘲笑、被罰跪。

花上下兩個學期把十二生肖練全了，一玩不到半個小時就抖光了，親友們仍丟出那句：「還會什麼？」觀眾永遠都是貪婪的、無情的，但也足以證明他們太喜歡了。後來我在演講時也會表演這套，讓大家跟著一起參與，全場剎那間回到童年般嬉鬧開心。

也真的會有人問：「還會什麼？」我始終要對觀眾的要求隨機應變，不能夠滿足於現況，要準備得比充分更充分，隨時應付安可場。

大象終於～～

就這樣又過了一年，我已經上國一了，對於模仿動物聲音的興趣仍沒減退。

哪裡有更棒的老師？有！圓山動物園（有點年紀的人才會知道）。後來我家搬到承德路，走中山北路過大同公司、美軍俱樂部（現在的花博），再往前就到圓山動物園了。

假日人太多太干擾，沒辦法專心聽，要平日才能專心聽到動物老師們的叫聲，怎麼辦？不得已，只好蹺課！

當年國中生有髮禁，男生都要理三分頭，走在這段漫漫長路上目標很明顯，更麻煩的是圓山動物園旁邊就是少年隊，以前的少年隊專門在抓逃學蹺課的不良少年。

所以我先想好了一套說辭和偽裝，我穿著校服，把書包帶調整好，拿出畫板夾上一張圖畫紙，然後進動物園找到林旺（當年動物明星大象的名字），假裝在素描，萬一有少年隊盤問就說是美術課寫生。

喬好位置後左顧右盼，其實是注意有沒有被盯上。然後用腳把地上一顆小石頭勾過來，假裝橡皮擦掉了，一起撿上來。裝模作樣一番，確定沒有人，用力丟石頭K林旺（不當行為請勿模仿，已懺悔多年了，對不起）。

第一次沒投準，一定是沒暖身。再弄一顆正要丟的時候，欸！牠怎麼走到另一邊了。順著圍牆趕緊跟上，哇靠，這邊有樹會阻礙我投射，怎麼辦？不管了，再丟，果然先打到樹葉掉在地上，但有反彈到牠的腳，可是牠沒！有！反！應！就這樣折騰到快要關園，始終沒聽到林旺叫一聲。

真衰，蹺課一整天，卻毫無所獲，只好摸摸鼻子回家。

學校通知媽媽我今天沒去上課，我說我去動物園畫大象。

「你不好好讀書，去畫大象要做什麼？你畫這個，以後能當飯吃嗎？」這是媽媽固定的台詞，當然免不了一頓打。

第二天再被學校訓導主任扁一頓。

但我還是不死心，過一陣子找到機會又蹺課去動物園，同樣的動機、同樣的位置、同樣的動作——林旺同樣安靜沉默。

時間到了，動物園要關門了，失落難過到不行，配上紅色的夕陽緩緩西下，真是淒涼的少年。

離開時我走沒幾步就忍不住回頭，依依不捨地望向林旺，越走越遠，眼看又是徒勞，心裡擔心明天去學校要被處罰，回家又要被媽媽打……整個人難過到萎縮得像一隻絕望的企鵝，就在那一剎那，不知道是林旺還是馬蘭（另一頭母象），牠忽然叫了一聲，我是在毫無預備的情況下聽到那一聲。你知道嗎？那種興奮感動可能比中大樂透還更爽！短短一秒從遠方傳來的叫聲，聽在我耳裡猶如雷劈，我用盡全身的器官記住，在腦海中倒帶、慢放、再重聽一遍，想辦法把它變成可以模仿出來的聲音。

練了很久很久，終於有一天清晨在上學的路上，找到了發聲的位置「啊呃～～～」昂揚象鼻高叫出象鳴。

我高興得像和一萬隻企鵝在冰天雪地裡跳踢踏，可惜我沒有人可以分享，只能夠在自己的小小世界肯定自己、找到快樂，然後鼓勵自己：「天啊！阿輝你好棒喔！真的，你好棒！」（最後這個畫面大家可以想像我和一萬隻企鵝很高興跳著踢踏舞……踢踢……踏踏……踢踢……踏踏……）

什麼力量可以讓你堅持下去？

在成長和學習的過程中，我總是很寂寞地面對，因為沒有志同道合的朋友可以討論，也沒有人對媽媽說：「許太太，你們家阿輝是非常特殊的孩子，也許妳可以栽培他往藝術的方面去發展。」

一路走來，很孤單、不被肯定，甚至老是被嘲笑。

所幸，我沒有放棄或做出傷害自己的事，更沒有走上歧途，應該是表演太吸引我了，全部精神被引導到不斷地研習，沒有別的東西可以取代。

從茫茫然不知道方向，到漸漸摸索出自己的目標，應該有很多人是類似我這樣寂寞、沒人幫助、充滿沮喪感，重點是什麼力量讓你堅持下去。

我熱愛表演，想學習到更多，想得到成就感，渴望被肯定。

當聚光燈打過來，所有人注視著我，跟我互動、被我逗樂，那是我最快樂的時候，也是我覺得自己最有價值的時候。

你的生命中有沒有哪件事是隱藏著這股熱血？就算屢戰屢敗、被所有人唱衰也無所謂？如果有，恭喜，你的人生一定很精采。

許傑輝的管家心理自學法④

讓我永不放棄的最重要原因是熱情。

你的生命中有沒有哪件事是隱藏著這股熱血？

只要能上台，什麼都不怕

小學四年級，發現班上有位女同學好漂亮喔！（怎麼到這時才發現呢？）好不容易跟其他同學換位子坐到她旁邊，欸！怎麼她就轉去念音樂班了，換到另一棟教室上課。音樂班的女孩就是氣質好，穿著紅色短西裝外套、白色的百摺裙、白色長襪。我總會故意經過他們的教室去偷看她，但她好像都沒注意過我，於是我想做件吸引她目光的事！

招考天才童星

記得以前華視有一齣台語古裝劇主角亮相時都會很帥氣地「ㄆㄚˋ」打開扇子，扇子上面寫著「錢來也」「錢多多」，每次看到這一幕，我的視線就會飄向媽媽，想著「錢」這個誘惑力強大的字或許會帶給媽媽某些靈感。

於是上課時滿腦子幻想，我的頭上也綁個髮髻，一身古裝扮相是位功夫很厲害的少俠和壞蛋打打殺殺，最後得到滿山洞的金銀珠寶。浮想聯翩，這位成名的天才童星立刻賺了好多好多錢給媽媽，媽媽數著滿屋子的鈔票，笑得無比燦爛！一進入阿輝的異想世界，黑板前老師就算聲嘶力竭也全部自動轉為靜音。

有一天午餐吃便當，竟發現鋪在桌上的報紙上面寫著「招考童星」！天啊，這不正是我夢寐以求的嗎？

招考條件寫著要寄兩張照片，哎呀，哪來的照片？

還好想到辦學生公車票時有拍大頭照，上次洗照片還剩下幾張，匆匆忙忙找出來寄去報名。懷抱著無限期待等了好幾天，沒想到真的收到一封回信，通知我過了第一關，可以去參加面試。

那種喜悅是很難形容的，強壓著快飛起來的感覺，但仍然不敢告訴媽媽，那幾天再怎麼高興也只能洗澡時泡在水裡大笑哈哈哈，面試當天勇敢地一個人單刀赴會，承辦人員問：「你一個人來喔？沒有爸媽陪嗎？」我面不改色地說：「喔，他們在停車，我先上來。」

從小我就很會撒謊，有時候會騙阿公要繳班費討點錢，媽媽一天只給十塊錢吃早餐，想攢零用錢得餓肚子。因此，隨口扯個小謊對我來說輕而易舉。

面試完了，回家繼續漫長的等待，生平第一次明白什麼叫忐忑不安的心情。終於又有通知單寄來了，我被「錄取」了！那兩個字我可是看得一清二楚，我馬上拿給媽媽看，還表示接下來可能要去電視台演戲或去拍電影，將來我就會成為大明星賺很多很多錢孝順媽媽。

媽媽眉開眼笑帶著我坐公車如期前往報到，沿路媽媽都一直牽著我的手，那一刻媽媽是我的，我們幸福快樂又美滿。

到了演員訓練班，承辦人員跟媽媽說馬上會安排上表演訓練課，需要繳一筆學費。媽媽一聽費用還有點猶豫，但看到大牌演員賴德南先生從旁邊走過，想說這麼大牌的演員都來這裡教課，一定不是騙人的。

媽媽滿臉欣慰的笑容，大概想著兒子可以被捧成紅透半邊天的天才童星。

事實上，他們並非認真發掘演員，所謂的表演訓練課只是為了賺上一筆上課費用，頂多安排你去當臨演路人甲，酬勞極微薄也很難成為重要角色。當時以為可以抓住機會，最後連當村民走來走去或打鬥被殺的死屍都沒能軋上一角。

說哭就哭，要笑就笑

儘管是白日夢，但在夢裡真是開心。

表演老師會要大家演一些特別的角色，有一次是演小偷，其他人都假裝拿個東西傻乎乎地跑掉，向來很別出心裁的我卻貼著牆停在原地，左顧右盼，眼睛滴溜溜地轉，表演自己在觀察、聆聽動靜。

表演老師等太久有點失去耐心……這時樓下傳來摩托車聲揚長而去，我立刻配合聲音做出觀望、潛入的動作（反應真的太好了），老師大大讚賞我的機靈。

還有幾次要背很多台詞，怪的是叫我背課本常常字都看不清楚，連九九乘法表都背得二二六六，但劇本一拿到手，簡直一目十行、過目不忘。

同班有幾位年紀和我差不多的小學生，其中一個女生每次來都打扮得像小公主，穿著娃娃鞋、襪子綴飾蕾絲花邊，長得很可愛，但小公主很不擅長表演。老師要她演哭，她用手背來回抹抹眼皮「嗯嗯……嗯嗯……」，老師喊卡，要她哭真一點。來，五四三二……這次她更退縮了聲音、動作也漸弱，基本上和第一次同樣假。我在旁毫不掩飾地笑出來，老師聽到了，說：「笑什麼，那你來演一個哭的看看。」我從小聲抽噎到嚎啕大哭，沒有眼淚就滴下口水，老師說：「對啦，就是要像許傑輝這樣哭

嘛！」然後問小公主要不要再試一次，她搖搖頭，之後就沒看到她來上課了。（我真是令人討厭的小孩，唉～）

從小我就很會觀察，在學校上課時，老師問這題誰會，我明明不會也舉起手來，因為不舉手的人反而會被老師點出來。

可以說我從小就很奸巧，居然會觀察老師的行為模式，出此險招。但道高一尺魔高一丈，老師發現原來屢屢舉手的我根本不會，把我修理得更慘。而表演課完全不同了，老師要我們演什麼我都敢舉手，充滿自信地說：「我會！」

每個人都擁有不同特質，千萬不要小看自己，不要忘記或忽視自己的專長。你一定有你的強項，也許再拿出來重新擦亮，就能讓你走不同的路，或重新看待自我價值，而不要被社會既定標準牽著鼻子走。

當然過程中可能像我小時候那樣，沒遇到對的人、衰運連連、希望渺茫，也會氣餒也想放棄，但我很愛幻想，很快地我又繼續準備、自主訓練，等待機會。

許傑輝的
管家心理自學法⑤

我們都不一樣，
千萬不要小看自己，
不要忘記或忽視自己的特質。

挨打才能上台

升上六年級，童星夢應該要醒了，但我執拗地抱著希望，不知道是否像《牧羊少年奇幻之旅》所說：「當你真心渴望某件事時，全宇宙都會聯合起來幫助你。」

有一天朝會，學校宣布即將參加第二屆金鼎獎話劇比賽，校方非常慎重其事，甚至外聘一位電影導演蔡位風先生來挑選、教導話劇社的同學。這是何等千載難逢的機會，我要發光了！我要被看見了！

我要演主角幫學校爭取最高榮譽，我個人還要得最佳演員獎，再經過音樂班教室時，那位女同學一定會對我微笑……我們手牽手繞圓圈……撒紙花笑得很開心……（以上都是慢動作）

啪！一塊板擦正中我的臉，同學們大笑，老師說：「許傑輝，剛剛老師在說什麼？」我答不出來，就被罰站了，因為臉上有粉筆灰，我又調皮地演女生化妝在撲粉，同學們笑更大聲，於是我就被換罰站在走廊。

但最無法接受的是，老師說學業成績要平均八十五分以上的同學才能參加話劇社徵選活動，天啊！我距離平均八十五分差很遠吔！怎麼辦？所幸班導他法外開恩，說分數不夠還想參加的同學，差一分打一下！

好！只要能演戲，我什麼都不怕，打二十下也不算什麼！領打時，老師瞪我一眼，「手伸出來，舉高一點。」正要揮鞭打下去時我急收手（小孩子還是會怕），老師斜一邊臉說：「再收手……就不可以去參加喔。」像不像黑幫電影威脅人的方式？我牙一咬手一伸，老師用力揮鞭，忽然發現「你有斷掌紋ㄋㄟ，齁！還雙手斷喔！」其他同學很好奇都湊過來看，頓時大家小小研究了一下掌紋……老師說：「成績那麼爛，課文都背不起來還想演戲？手舉高一點。」然後用力揮下來啪一聲，痛得手掌只差沒真的斷掉。我對著老師露出無辜大頭狗的神情眨眼發萌，當然求饒是沒用的，換成打屁股，打到後來班導也懶得嚴格執行，改成記帳分期付款，我還欠多少下以後慢慢還。

雙手抱著剛被打過的屁股跑向排練教室，終於能去參加話劇社了！

我們要演的劇名叫做「海王星歷險記」，這個科幻故事設定在民國一百年（排練當時是民國六十七年），中華民國已有火箭到海王星探勘，發現海王星上有兩國在打仗，大國要併吞小國，小國有些人主張投降，但有些人說不能向邪惡的力量屈服，最後中華民國的小太空人幫助小國打敗大國。

在那個年代什麼都圍繞著漢賊不兩立、反攻大陸、解救苦難同胞此類主題，但小學生才不管這些深層意涵，我只覺得要是能演太空人實在太帥了。

導演，我可以哭出來！

戲裡面主要角色兩女一男，飾演中華民國的三名小太空人，而三個主角早已被某某主任、某某老師的兒女占住了，這就是特權。哼！不管表現如何、擅長與否，反正就可以優先，沒辦法，誰叫我功課不好又沒有靠山，×！偏偏這三個特權主角都很不會演戲，光講一句台詞「等一下！等一下！等等我們啊，糟了！糟了太空船飛走了」，演得像古早演講比賽「各位老師、各位同學大家好～」拉長音加裝可愛；而且，如果要演跑步追即將飛走的太空船，為什麼要原地踏小碎步呢？真的邁開步伐往前跑是不會嗎？

我在一旁邊批評邊嘲笑：「爛透了，你們演得好假喔（再次證明我真是一個很討人厭的小孩）。」而我演什麼角色呢？人群中最後一層跟著吶喊的小兵。所幸導演有他的專業考量，眼看朽木不可雕，就在唸劇本時，慢慢找出表現較好的同學，把兩個女主角換掉，但只有男主角換不掉，因為他好像是主任的孫子。那位主任總穿著旗袍、戴著金絲邊眼鏡，常常很優雅地站在排練教室後門盯場，導演只能先這樣排排看。

直到排演到最重要的一場戲，就是最後冒險結束，三名太空人小朋友要飛回地球了，和海王星公主道別那一幕。導演要男主角哭，果然不出我所料，他怎麼也哭不出來，兩個女生都演得很好，更突顯他的落差。導演怎麼教都不行，主任站在後面也尷尬萬分。

這時一直密謀叛變的我忽然舉手說：「導演，我可以。」

「你可以什麼？」導演沒好氣地問。

我大聲說：「我可以哭出來。」現在想想，當時的許傑輝臉皮真的很厚，心臟也很大顆。導演有點為難地讓我出來試試。

我毫不遲疑地衝上前，握著海王星公主的手說：「我們一定會再回來看你們的，再見……再見……」兩行眼淚順著飽含情感的話語緩緩流下來。

大家被我真情感染也都哭了，瞬間台上台下瀰漫一片感動氛圍，和之前相比宛如換了時空。導演如獲至寶地決定換人，原本的男主角這時也哭了（sorry），我從沒有半句台詞的小兵變成男主角。那時已經排練到很後期，快要正式比賽了，我完全沒讓導演擔心進度，因為每句台詞我早已倒背如流。

▶第一次上台領獎

那一屆話劇比賽我們太平國小奪下總冠軍，還拿了好幾個技術大獎，我榮獲最佳表演獎。大家都高興得又跳又叫，很像中華少棒隊轟出再見全壘打般驕傲興奮，這一切都是真實的經歷，像不像是一篇勵志少年漫畫？

鏡頭轉向學校操場的司令台。

「這次我們學校話劇社得到第二屆金鼎獎話劇比賽總冠軍，現在請所有參與同學上台接受表揚。」

以前各項比賽優勝者的表揚都與我無關，只能在台下踢石頭解悶，第一次換成我能站上司令台，心臟跳得好快喔，台下的掌聲讓我感動得臉都紅了（會臉紅是因為音樂班的女同學對我微笑鼓掌），校長還特別送我一盒水彩以資鼓勵。上台的記憶至今依然鮮明，印象中最深刻的是國旗高高升起隨風飄揚時，旗繩被風拉扯再彈回來敲打著旗杆，ㄉㄧㄤ、ㄉㄧㄤ、ㄉㄧㄤ……儘管聲音很微小，卻那麼地清脆悅耳。

許傑輝的
管家心理自學法⑥

我從沒有半句台詞的小兵變成男主角。

快要正式比賽了，我完全沒讓導演擔心進度，

因為每句台詞我早已倒背如流。

瘋狗精神

忘了是哪位美國總統，他每天進他的辦公室會經過一片因天天打蠟而閃閃發亮的地板。有一天打蠟工人要退休了，總統得知，特別去和工人握手致謝。
成功的人會善待、感恩周圍所有的人，而我們在任何崗位上只要盡力把事情做到最好，那就很棒了，真的。

用服務態度給自己加薪

到了國中時期，因為功課不好被分到放牛班，我就很認分地展開了打工賺錢生活。

國三放學後去蜜蜂咖啡廳打掃、洗杯子，從五點半做到九點半，一個月賺五百塊。那時還沒有菸害防制法，客人邊玩小精靈打小蜜蜂邊吃飯、抽菸，每個桌子上都放著菸灰缸，工讀生站在一旁隨時拿新的去替換。很快地，我觀察到別的服務生直接拿起有菸屁股的菸灰缸時總會飛出一些菸灰，難免飄到客人的飯碗、水杯裡，實在不衛生，所以我會小心翼翼地先用乾淨的蓋在髒的上面，拿回手中的托盤內，再放上乾淨的以免汙染。

而我的細心服務讓客人很欣賞，其中一位竟特別給我五十元小費（以前還沒有五十元銅板），是一張紫色的紙鈔，哇！小費真美麗。

從此我學會了，如果服務得夠周到，很多客人賞小費，累積起來就比本薪還高，起薪定得很低的原因，就是要看服務態度能不能給自己加薪。領悟到這點，我越發勤快機靈，果然每個月的小費都高過本薪。

從小地方處處觀察

國中畢業後進入西湖高級工商職業學校觀光科，班上有位同學在康華飯店的中廚當小助手，介紹我去端盤子。每天五點半做到十點半，一個月起薪三千六百元，哇！比之前在蜜蜂咖啡廳的起薪多好多唷。比起蜜蜂咖啡廳，飯店是一個更有制度的公司，加上全勤、小費每個月可領五千多，每週還可以休一天假。一起打工的同學有女朋友，常常想多休一天假，要我代班，我就坐地起價敲詐他「平日三百，假日五百」，他也只能摸摸鼻子認栽。從此許傑輝竟然成了班上的行動銀行，同學們需要紓困金，譬如摔車的醫藥費、沒錢吃飯的……就找我借錢，阿輝銀行絕對無息借出。

到了新環境我更努力地鑽研服務撇步，簡單舉例：兩個人吃完飯，我不會站在餐桌對面把帳單一丟，而是靠近客人旁邊遞上，讓他感覺很親切有禮貌。我還會觀察誰的話多、誰的坐姿寬，通常代表誰在主事，結帳時會站在兩人中間，面向主事者stand by。萬一錯了，他沒伸出手、示意旁邊的人，就不著痕跡地遞給另一位；如果沒錯，他收下帳單，我就退一步鞠躬。重視細節，禮貌周到，讓客人感受良好，有給小費我賺到，沒給小費為餐廳賺到好評，處處觀察再判斷，加入想像，一再磨練。

我也會特別記住常客的稱呼，對某些菜色的偏好，喜歡坐在哪個位置等等，時時用心多想一點、多做一點，好好表現留住客群。

比方說有位日本常客點了冰啤酒，我不是只會在旁邊開瓶倒酒、杯子稍微傾斜讓泡泡少些，接著再觀察他們喜歡泡泡多或少，有人喜歡泡泡多一點，我就瓶口離杯子高一點，幾公分的泡泡有幾公分的倒法。發現服務員的細心且順便show something，有的客人會很開心地和我聊起來，整桌的氣氛立刻更融洽，但我也會提醒自己不能太

三八、聊太開心。

每個人都可以回溯自己的青少年、童年，慢慢去挖掘整理出自己與眾不同的特質，這就是你的優勢。

觀察力幫我在工作上好多忙，而這種特質是從小養成的，父母不要限制小孩探索世界，過度的保護與禁止將使他們失去獨特的能力。

不要以為我講笑話，真的有小朋友畫雞是六隻翅膀的，因為超級市場賣雞翅通常都是六隻裝一盒！所以我也常鼓勵大家在自家的陽台種菜，讓小孩看到食物原本的樣子，了解培育植物的過程。

許傑輝的管家心理自學法⑦

不論任何職務，
如果能找到對的工作方式，
找到樂趣，
你一定可以做得得心應手。

不要瞧不起自己

七〇年代，康華飯店的金鑾廳幾乎每晚高朋滿座，尤其是週末假日的中午晚上常常辦喜宴。每天下課後，晚上五點半我去準備，弄清楚一桌桌的動線。六點左右客人進來，一直服務到十點打烊，再做清潔工作，其實是很累人的，但我很喜歡這種辛苦。我很擅長服務別人，而且客人百百種也給我有觀察的好機會。

由於金鑾廳在地下室，客人會從一樓大廳走旋轉樓梯下來，我只要聽到有領檯帶著客人的聲音，立刻就站定位，對著客人的方向，以愉悅的眼神迎接。一下樓他們會看到我鞠躬微笑，領檯帶著客人坐定時，我已經拿著menu在旁邊，「晚安，您好，這是菜單。」

迎接客人的眼神是第一印象，光是那個剛剛好的接待位置我就下了一番工夫。沒有前輩教我這樣做，但我猜想每個人都希望被看見，就像小時候表演也希望被全場觀眾注意到。有練習有差，後來到辜家當傭人，也能很快找到「忠僕」的最佳位置，而能很妥貼地服務辜先生。

這不是天生本能，而要靠觀察、想像力，也絕非因為想著錢，否則我的笑容不會這麼甜美（很自戀齁）。

奇怪的是很多人不敢眼對眼，可能沒自信、心不在焉或有其他因素，但我覺得服務別人時，對方一看到我的眼神產生好感，接下來才會有愉快的心情，以後也才可能再次光臨。

我的熱情付出、不放過任何小細節的體貼，本來有存著多賺一點小費的企圖，但後來更想著的是要把工作做得更完善，而且打從心底覺得可以為人服務是件很美好的事情。

不論在任何職務，如果能找到對的方式，找到樂趣，你一定可以做得得心應手。保持熱情對我來說很自然，不管做什麼都不需助燃。

有人工作換了又換卻永遠倦怠中，最好停下來想想：你有保持熱情嗎？你有保持學習嗎？能被調整嗎？每個工作都有其價值，再微薄的薪資、再低階的職位，我們都不該瞧不起自己，而且有把握能做到最好並樂在其中。

就像有一年因星途不順遂，決定重操舊業回康華飯店端盤子，不會彎不下腰，因為是靠自己勞力賺錢。結果像是八點檔無情嘲諷的劇情還是發生在我身上。

許傑輝的

管家心理自學法⑧

打從心底覺得可以為人服務是件美好的事情。

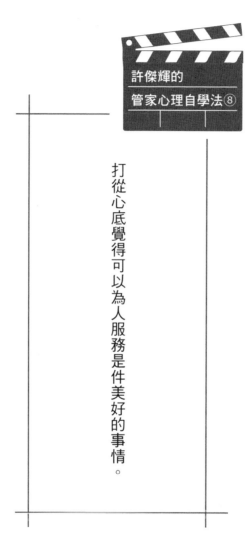

▶電視明星淪落餐廳端盤子!!

話說在《母雞帶小鴨》中演高中生的我，當時真實的年紀已經是二十七歲了，播出後大受歡迎，很多戲約都仍找我演同樣個性的高中生。我不願被定型，因為沒有區隔與挑戰、一直演同一種角色，怎麼可能進步？

演員要有自覺，不能一直複製貼上，觀眾很容易看膩。演員要對自己負責任，否則只是短暫紅一波，無法長長久久。

懂得欣賞的人覺得我很有原則，不懂欣賞的人笑我很傻，反正暫時沒有演出機會，當然也沒有收入了。為了維生，我回康華飯店找以前的經理，表示如果週末有喜宴人手不足需要工讀生……我可以來端盤子。

「你現在是電視明星，怎麼行？一個晚上才六百五吔！」我說沒問題，經理不可置信，盧了很久才終於答應我。

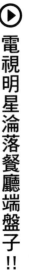

有一個週末照樣喜宴全滿，我端菜上桌時，客人盯著我語帶嘲弄地問：「ㄟ！你是那個演電視的齁？ㄟ！ㄟ！你叫什麼名字啊？」我只能尷尬地笑笑，但心裡明白他們不會放過我。下一道菜硬著頭皮再送上桌，同樣又被追問，甚至動手拉著我（這是非常不禮貌的行為），他們開始七嘴八舌地揶揄：「對啊，就是電視上那個嘛，不敢承認……」其中一位滿臉用二十張吸油面紙也吸不乾淨的大媽，邊剝蝦子還邊吸吮手指大聲對她的小孩說：「你啦，一天到晚想當明星，看！現在這個落魄來端盤子了啦！看到沒有。」我放下菜餚、收回空盤，轉頭離開，此起彼落的話音追在身後……明明沒有做錯事也不以工作為恥，但旁人莫名的羞辱讓我第一次變得脆弱。

回家時，坐在公車最後一排，手裡握著今天端盤子賺的錢，把窗戶打開，冬天風很大，我的眼淚被吹著橫飛。

兩天下來，工資加小費賺到一千六百多，去麵包店買做三明治切剩的吐司邊，一袋只要一百五十元，買兩袋大概可以吃好幾天，還可以存點錢，下一週繼續去端盤子。我並非特別能承擔或心理素質特別好，這可能源自於高中三年打橄欖球所磨練出來的耐力。

拿出「瘋狗追球精神」

當時只是不想在教室裡上下午的三堂課，所以跑去打橄欖球，校隊訓練非常辛苦，尤其是著名的「獵犬訓練法」想到都皮皮剉，那是教練發明的特訓兼懲罰。我們在操場練球時總會遇到儀隊女同學，那些美眉扭著小蠻腰，精神抖擻地踏著嬌滴滴的步伐，幾個臭男生忍不住使出渾身解數去「窺」一下。教練發現了，口哨嗶的一聲集合，然後宣布處罰方式：第一個帶球跑回來的可以休息，也就是說沒搶到球的、跑不快的可能要跑十幾趟，接著就把球踢得又高又遠，二十幾個人頓時像瘋狗一樣衝出去搶球，搶到球的交給教練就可以休息。教練立刻再踢，大家再搶；教練還會做假動作，大家往前衝了才發現是踢向反方向。有時教練訓練我們用頭撞拉單槓的柱子，發出砰砰砰的聲音，因為頭要練得夠硬才比較不會受傷。

每天早上要出門去上課時，我都會弱弱地對釘鞋說：「今天休息好了。」然後打開門準備揚長而去，又在最後關上門的一刻，把釘鞋裝進球袋裡，下午照樣咬牙練球。

如此野蠻訓練造就我們有超強的忍耐度，但老實說每天都在內心交戰，放棄的聲音從沒停歇。我沒比別人厲害，只是透過跟自己反覆的對話，想清楚要追求什麼，做了選擇就要承擔、忍受，鼓勵自己堅持下去。

我向來很樂意嘗試各種挑戰，別人問我會不會唱歌仔戲？會不會配音？會不會演舞台劇？我都先說會，雖然難免碰一鼻子灰或鬧了很多笑話，我常自己安慰自己都是為了生活。

所以為了生活去端盤子，就算受辱還是熬下去！

每個人在工作崗位上都可能有不同的妥協與委屈，但能否再多堅持一下？

「忍耐」兩個字講講很容易，但要做到很困難。我也曾過得刻苦，人情冷暖看透透，但擦乾淚水，拿出「瘋狗追球精神」面對未來。或許你現在掉落谷底，狼狽不得志而抑鬱煩躁，可以想一下倒楣輝嗎？「哦，有個人曾經比我更衰！更慘！更倒楣。」如果你因此稍微振作起來，這本書才有意思。

許傑輝的

管家心理自學法⑨

我沒比別人厲害，只是透過跟自己反覆的對話，想清楚要追求什麼，做了選擇就要承擔、忍受，鼓勵自己堅持下去。

PART

02

樂在其中的努力

——我的服務魂

小青蛙跳進豪門當管家

一九八〇年代，「青蛙王子」高凌風紅遍全台，熱愛模仿的我當然馬上練起來。團康課縮著脖子，拿掃把擺出麥克風的 pose，用鼻音高唱：「為什麼一陣惱人的秋風，它把你的人，我的情吹得一去無影蹤……」全班同學哄堂大笑，拍手叫好，還給我取綽號叫「小青蛙」，沒想到這隻青蛙竟一跳，進入了豪門當管家。

一杯熱茶的溫暖心意

高中快畢業時，一位教餐飲課的老師問我想不想去中國信託工作。說實話，從小學五年級起憑自己的本事，數學考試就都沒及格過，猜想在銀行上班要算錢，那可能連薪水都不夠賠。

還好老師說是去不對外營業、高階主管專用的聯誼餐廳當服務生，類似私人俱樂部、招待會所，常有政商名流出入，要懂得接待應對、口風緊、手腳伶俐。從蜜蜂咖啡廳、康華飯店一連串磨練打下基本功後，我信心滿滿地接下了這個工作。

和飯店不一樣，這裡不是人人都能進來，感覺有點神祕，但不變的是我依舊會先找到展露我禮貌微笑的好位置。我的定位是在出電梯到包廂之間。

每當我看到保鑣站在電梯前，猜想辜先生應該是快上來用餐了。

腦子一轉，他一上午一定主持很多會議，大概也沒什麼時間喝水，泡上一杯熱茶應該是好主意。

結果等半天辜先生沒上來，眼看茶泡久了會變苦，正左思右想如何解決，剛好一位羅經理經過，就一個箭步端給他說：「羅經理您好，辛苦了，請喝茶。」他原本皺著眉頭想事情，立刻被這杯芬芳的茶暖了心。誰也想不到，若干年後他當上了中國信託的董事長。

回過身立刻再重新沏一杯茶，這次時間配合得剛剛好，當辜先生一坐下，我微笑看著他並遞上茶。他接過去啜飲，茶沒有發澀，也不燙口，我知道自己掌控得很好。

我不會急著把餐點全端上桌，因為菜全上了難免不自覺地吃很快，胃會不舒服。上菜的時間也要掌握好，不能這道菜客人用完後等三分鐘還等不到下一道。

辜先生感覺到我在小細節上面的用心，有一次問我叫什麼名字，我站得直挺挺，面帶微笑大聲說：「小青蛙！」辜先生問：「是跳的那一種青蛙？」我回答是。他開心地笑了！相信他從此注意到我這個新人。

▶巧思想辦法，讚美工作團隊

接著我開始跟主管學習安排辜先生的午餐菜單。

聯誼會很有名的牛排是八盎司配很多菜，豐盛得嚇人；尤其辜先生的午餐，廚師又會做得更特別一點！

把整理好的牛排用盒子盛裝並泡著油，這樣就不必微波解凍，立刻可烹飪。為了讓老闆吃到佳餚如此費工夫，我當然也不能漏氣，所以換季換菜單，我建議菜色增加，分量減少！問題是我當年十八歲，在大廚眼中我還是個小孩子，師傅不會理睬我的意見。但我就是想試試看，點餐的時候我請示地問：「總經理，今天午餐八盎司牛排改四盎司加六顆現包水餃好不好？」辜先生表示很好，我跟師傅說這是總經理的吩咐，他只好照做。結果莫名其妙成了「辜總特餐」，後來很多主管、客人也指定要這樣的午餐。

其實說穿了，嘗了幾口西式餐點和醬料，再換上中式食物，使味覺產生變化，特別滿足口腹之慾。一試成功，再加上巧思，換不同口味的水餃餡，包水餃的師傅也樂得施展身手。

優秀的工作團隊百花齊放，而非一枝獨秀。所以每次換餐點菜單時我們中、西廚師會先研究再試菜，看看主管們滿不滿意？還需要改進什麼地方嗎？有次賓客們覺得水餃好好吃，辜先生一示意，我們趕緊請師傅再準備一些，宴會結束當小禮物，又是一個賓主盡歡的ending。辜先生還親自去廚房謝謝廚師們，師傅們被鼓勵到了，再提出任何調整餐點的想法時當然接受度就更高了。

如何在困境中找到方法

魔鬼藏在細節裡，服務需要考量很多細節，而不間斷地練習改進才能剔除不必要的錯誤。

除了用心觀察，就是要非常勤勞。

主管們開會時，我會站在外面候著，等到有人開門說要加熱水，我抓準時間點，門才一開已經拿好一壺stand by。

諸如此類，我盡心盡力地打理，辜先生看在眼裡，就告訴全家大小來聯誼會有任何需要都找小青蛙。很快地，老夫人、少爺們、辜小姐，誰來都喊著小青蛙這三個字。開個玩笑，我簡直是和韋小寶沒什麼兩樣。

此時，發生了戲劇性的變化！

辜家發生了竊案！老夫人的珠寶不翼而飛，調查所有工作人員後決定撤換管家。有天總務部經理跑來問我可否去辜公館幫忙當管家。滿心歡喜地帶著進豪門的心情，也沒問過爸媽，更沒掂量自己的能力是否能擔任，我就一口答應了。

即使後來爸爸表示不贊成我去做傭人，覺得沒面子，但我對管家這份職務充滿了想像與堅持，並因此得以打開視野，接觸到如此特別的工作經驗，學習不同的思考角度，想方設法解決問題，實在是千載難逢的好機會。從小打工到長大演戲，敏銳的觀察力對我幫助很大，讓我能在困境中找到方法和機會。

十九歲的我，要管理整個宰公館大小事情。我開始思索要做什麼事、怎麼執行，畢竟自己年紀小，有些歐巴桑、園丁或廚師的年紀都可以做我爺爺、奶奶了，要如何管理這一拖拉庫人事？他們會聽從我的職務調整和分配嗎？但職責所在，我必須學習，也不能硬碰硬，更不能自作主張，怎麼辦？不如試試請「老夫人」出面幫我。

許傑輝的
管家心理自學法⑩

優秀的工作團隊百花齊放，而非一枝獨秀。

魔鬼藏在細節裡，服務需要考量很多細節，

而不間斷地改進才能剔除不必要的錯誤。

每週一次「清倉大戲」

我發現老夫人如果沒睡午覺，常常很無聊地坐著。老人家最需要陪伴，我靈機一動，想出一個絕佳的娛樂。

我先準備好點心和茶，讓老夫人舒舒服服地坐在廚房（工作廚房很大大家別懷疑），說有些事情要跟她學習、有些東西要請她過目。「這些髮菜怎麼不同顏色啊？有的一碰就脆掉了！香菇、猴頭菇脆掉了要挑出來嗎？」接著把櫥櫃和冰箱存放的乾料、罐頭、食物一樣樣秀給她看，「老夫人，這些罐頭剛過期了，是不是要丟掉？不知道還能不能吃？」她要廚師檢查，師傅確認說還可以吃。老夫人喝口茶，想一下，說：「那用沙茶炒，加點芹菜，這樣不錯。」當晚這道香炒鮑魚絲芹佐沙茶醬上桌，幾乎每週上演一次「清倉大戲」，老夫人主持全局，我們滿場飛，大夥兒幫忙把櫥櫃裡弄得更整齊了。

同樣地，請廚師把口味改清淡些也要用上心機，剛開始廚師完全不接受。「一直以來都是這樣煮，也沒被講太鹹啊！哎呀，你小孩子不要管啦！」用理論溝通不行，我就藉由一次環境整理，更換全新的調味料瓶罐，說要把廚房弄得更漂亮，並特意用尺寸較小的罐子，他就無法慣性地撈一大勺，每道菜自然都變淡了。我在晚餐時報告：「廚師顧及到家人身體健康，有刻意把鹽減量，不知道這樣口味會不會變太淡？」全家人都表示很可口並嘉許廚師，我把功勞推給他，此後再有別的建議他都變得比較有彈性。

為同事謀福利

除了照顧好主人，我也幫同事解決苦惱的問題。起因是歐巴桑清洗時難免打破碗盤，不得已就把整套餐盤藏起來，否則要整組使用時會露餡，問題是怎麼老是用那幾套呢？我發現這個祕密，就要歐巴桑把所有餐具全部都拿出來，攤開一看不得了，歐風、日式、中式一櫃櫃精緻高級餐具，積壓著有些包裝都發黃、發霉了。

首先把紙袋、紙盒丟掉，全部小心地再清洗高溫消毒一遍，再來用風格分類，再分顏色、尺寸……收好，大的、重的放底下、小的、輕的放上面，然後宣布以前不小心打破的餐具會盤整呈報，希望大家以後都能更小心，下次宴客我有辦法讓這些湊不成一桌的餐具全派上用場（阿桑們還是都給我懷疑的表情）。

沒多久要舉辦家宴了，我就想來個混搭組合，但要先請示辜夫人中式跳洋式的排列組合可以嗎？餐具的顏色會變得比較活潑適合嗎？運氣很好，當晚客人大大稱讚有品味又有巧思也要學起來，賓主盡歡。

客人走後我們傭人在廚房洗碗盤個個都鬆了一口氣，臉上都帶著淺淺的微笑。

「優質的服務」也是一種高級的禮貌

我曾想過是不是到學校去開發一堂管家課，不知道會不會發掘到更多更優秀的「小青蛙」。

神祕的牛皮紙袋

想像中，當管家好像只要指揮別人做事，事實上並非那麼簡單。

在辜公館這樣的豪門裡大小狀況更是多得難以想像，譬如說翠綠的草皮忽然有一小片變黃了、鯉魚池怎麼起那麼多泡泡、落地窗玻璃怎麼擦都還是霧霧的、木質地板膨脹等等，大家都會來問小青蛙總管怎麼辦？

很多問題的答案，我也不知道！就問吧，不會的就問吧。很多知識、經驗就這樣培養出來了。

在辜家，我習慣在吃完晚飯後到門口等老闆回來，我注意著大門，當鐵門喀啦喀啦打開，立刻站好「忠僕定位」迎接。如果老闆帶有醉意回來，更要小心保護，不能讓老闆跌倒。

有次早上準備送老闆上班，照例備好他指定的衣服和皮鞋，卻發現他自己搭配上一條粉紅色的領帶——不對啊！前一天和保鑣確認出門的時間時，我記得早上要先去某位長輩的告別式，但依規矩我不該知道老闆的行程，絕不能大剌剌地喊：「老闆，你今天不能戴粉紅色的領帶啦！回來換一條！」那不就表示我私自打探或有人透露行程，可是卻也沒法裝作不知道，任他出糗……

結果車子出門開了一段路後，老闆發現路線不對，問司機要開去哪裡？坐在副駕駛座的保鑣轉頭說：「報告總經理，今天的第一個行程是去告別式鞠躬。」糟糕！他低頭看看自己的粉紅色領帶，再看司機和保鑣都穿青年裝，沒打領帶。一大清早去哪裡買條黑色的領帶？當時也沒有手機，無法找人趕緊從家裡送來。這時保鑣接著說：「總經理，小青蛙剛才交給我這個。」

鏡頭跳到五分鐘前，我用最快的速度選了一條黑色的領帶，摺好放進一個牛皮紙袋裡。在電光石火的一刻，趁保鑣上車時塞給他，保鑣隨手接過去，猜想大概是我給辜先生準備的東西。

你們覺得我老闆接過牛皮紙袋打開一看會是什麼感覺？

事後保鑣告訴我車上這一幕，「好加在你有準備，老闆好像也沒想到紙袋裡裝什麼，然後他拿出來一看就微笑了！」

十八洞番外篇

別以為我萬事如意，天天立功勞，學習的過程一定會犯很多錯誤。

拿選皮鞋來說吧，辜先生在房間說他今天要穿鞋頭有金色裝飾的那雙，我下樓到鞋櫃找，拿了兩雙給他選，但都不是他想的那雙。第二次在左右手中間多夾一雙，共三雙，又全錯，他勉為其難地說「就這雙吧」，其實是懶得讓我再去找。但我不喜歡這樣解決，難道我那麼笨，永遠無法讓老闆穿到對的那雙鞋出門嗎？

第二天，找來兩個大托盤，擦得乾乾淨淨，一個托盤可放三雙，兩個就六雙，總會拿對吧！就算還是漏了「正確答案」，但老闆眼神透露出讚賞，發現我有用心地在想辦法。

這種態度適用於任何職場，員工不能敷衍主管，或抱怨主管交代不清楚，只要肯多方努力嘗試，就算做得不夠完美沒關係，他會再指導；如果每次只求勉強過關，主管對你的印象要麼是能力有限、要麼就是懶或笨。

我有一次自作聰明的錯誤是辜太太從日本帶回來一瓶水蠟噴液，三十幾年前台灣好像還沒有這種產品。我拿來研究一番，發現要輕噴，讓白色小泡沫從上往下飄，像聖誕雪花般灑下來，平鋪整片鏡面鋼琴再擦掉，鋼琴就會亮晶晶。晚上客人來家裡，拱辜先生唱招牌歌〈Danny boy〉，夫人彈琴，鹵素燈從上方照射下來，鋼琴真的是烏黑亮麗、閃閃動人。

自作聰明的我想說還剩下半罐可以擦哪裡呢？有了，明天他們父子要去打高爾夫球，我來把球桿擦亮。立刻奔向球袋，把所有球桿拿出來擦到亮得要戴太陽眼鏡（形容稍微誇張了）。

第二天，父子四人分別跟幾名高階主管分組下場比賽，沒想到十八洞打完回來，父子的臉色都很臭……沒像平常那樣興高采烈討論打幾桿等等。我猜不出是發生什麼事？直到晚上老闆叫我到書房，淡淡地說：「小青蛙，以後球桿不要打蠟。」

哎呀，原來是我闖禍了。不知道是不是像卡通演的那樣整支球桿拋物線飛出去，把小鳥和松鼠打昏？好吧，我承認都是我的錯，但那幾位贏球的主管提前拿到年終獎金是不是應該感謝一下小青蛙。

許傑輝的
管家心理自學法⑪

把每件最不起眼的事做到最好，很多知識、經驗就培養出來了。

如果每件事只求pass，老闆對你的印象要麼是能力有限、要麼就是懶或笨。

▶謹守禮貌和分寸，無關階級

向來最懂禮貌的我，在稱謂上也出過錯。

少爺、小姐放暑假時，老夫人請人帶來兩個〇〇七的手提箱，好神祕喔！是什麼呢？哇！裡面全裝著金戒子、寶石項鍊、手環等等，老夫人要她的孫子們選他們喜歡的。我站在旁邊，老夫人忽然轉頭說：「小青蛙，你也選一個。」可能是我即將要去當兵，老夫人想送我一個禮物，但這麼貴重的東西，我才不敢貪婪地挑個大的，搞不好是主人的魔考！老夫人看我害羞地眨眼、搖頭傻笑，直接拿一個塞在我手裡，我好高興，忘形地也跟著說：「謝謝阿嬤！」大概是太過沉浸在這種溫馨氛圍，後來在晚餐服務他們的時候也情不自禁喊她阿嬤。老闆聽到了，晚上叫我到書房說：「你不應該叫阿嬤。」他的聲音低沉溫和，不是用責罵的語氣，話語簡短清晰，我很清楚他的提醒。

要注意自己的位階，不要把親切當隨便，所有孩子喊阿嬤，老夫人也真的很疼惜我，但我不能就把自己當成她的孫子。這是工作本分的尊重，不能讓我的僱主感覺不好，超過了。

該注意的位階身分不可模糊，像韓劇中有敬語或喝酒時晚輩要側身等等動作，簡單講是一種禮貌，對客人或長輩應該有分寸，不能當兄弟般勾肩搭背，你認為親密卻可能得罪人。稱謂也是要恰當，彼此才會自在，而非隨自己的界定。

自己當自己的老師，提升應變能力

不過，這些都比不上酒的考驗。

辜家有個迎賓客廳，吃飯前大家會先在那裡聊天喝餐前酒，可是如果老闆用英文講晚餐要喝某一瓶酒，頓時，一股冷汗從背脊竄流，酒的知識我沒學過，英文又大半聽不懂，常常會拿錯，只好一直換一直找。

就這樣半背半猜，錯誤仍難免，後來想到是不是給老闆「選擇題」比較好。老闆有時帶著別人送的酒回家，我就會特別記住，當他講到要喝酒時，先建議說：「上次您帶回來那兩瓶××年的適合嗎？」他經常會回答：「好，就用那兩瓶。」賓果！當然不是每講必中，但起碼表示我有努力記誦。

沒人教我怎麼做，我必須自己當自己的老師，並使盡靈巧的心思，提升應變能力，很幸運的是遇到賞識我的貴人。

印象最深刻的是，有次我沒站在忠僕定位迎接主人那晚，他一進門就問阿桑：「小青蛙呢？」阿桑說我發燒了。他走進我房間，我整個人昏沉沉，但感覺到一隻特別厚而綿軟的大手摸摸我的額頭。沒多久（雖然當時已經很晚了），有位醫生專程來給我打退燒針。

我心裡滿滿是溫暖，不光是我在照顧他們一家，他們也在照護關心我。辜家所有人都很鼓勵、賞識我，讓我想做得更多更好。很多員工在舒適圈待久了，什麼都想推給別人或敷衍了事，如何能期待加薪升職呢？被信任所以更認真，被關愛所以想做好更多，這才是人與人之間美好的互動。

許傑輝的

管家心理自學法⑫

不要把別人對我們的親切當隨便，
也不要恃寵而驕，
這是我曾經太臭屁而學習到的反省。

再微小的事，都能樂在其中

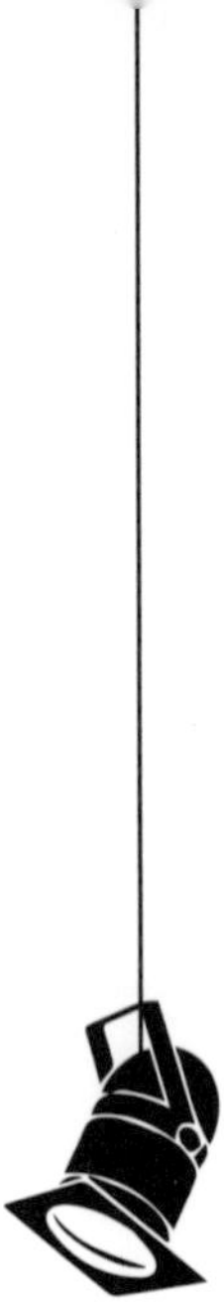

悲觀者覺得生活滿是折磨心酸，臉上都掛著一個「苦」字。
最近聽到一句好話跟大家分享，吃苦的時候，不要有苦相。
來！先給自己一個微笑。

隨時有新發現，感染別人

如果三十年前有臉書，我PO出的管家日記可能全都是炫耀文。

每天縱然忙碌萬分但充滿驚喜，暑假時更是巔峰，辜公館的電話聲彷彿特別響亮，那是從日本打回來的長途電話。

歐巴桑接了電話，歡欣鼓舞地打開廚房門大喊：「大少爺、二少爺、三少爺、小姐放暑假要回來了！」

聽到的人又跑去庭院喊，大家一個傳一個重複講這句話，很像在拍廣告，一個比一個興奮。那時剛去辜家還摸不著是怎麼一回事？後來問清楚是辜夫人帶著四個小孩在日本念書，放假才會回台灣，這對辜家來講是很重要的團聚時光，平常寧靜的辜公館忽然high到最高點，看來我這個管家也必須要做點什麼與眾不同的事……。

走出大門繞一圈，花園裡繁花綠樹好像也在做準備，汗流浹背的我有妙計了。左彎右轉跑到游泳池旁，放暑假少爺小姐在家會想做什麼？應該會想游泳。我忍不住大嚷：「讓我來把泳池刷乾淨吧。」旁邊的花叢冒出一顆頭！老園丁好心地建議打電話找清潔公司來弄就可以了，我卻自告奮勇說：「不！這款小代誌，我可以的。」

第一步是放水，水流得慢到不行，我蹲在旁邊等到快睡著……先去拿刷子和全套清潔用具吧，但水好像絲毫無動靜，過了大半天水終於退到膝蓋高度。迫不及待跳下去洗刷刷洗刷刷……然後又習慣性地掉入自己的小劇場，開始編織夢幻童話：這裡是小人國，我要幫到訪的巨人刷浴缸，唱首歡樂的歌來配上工作吧！

不是拚命求表現，是真的樂在其中，工作變成像遊戲一樣好玩。

我常常保持這種心情，所以生活裡充滿有趣的情節，隨時有新發現，而且感染力強大。這時一名警衛剛要下班回家，他之前輪班，沒聽到第一時間的消息，問我幹麼刷泳池？我用興奮的語氣重複講一遍今日特報：「大少爺、二少爺、三少爺、小姐放暑假要回來了！」

過一會兒，他居然換上短褲跳下來，明明是下班可以回家休息了，他卻下來幫我一起刷，刷得好快樂喔。接著，司機回來了，換警衛跟他說：「大少爺、二少爺、三少爺、小姐放暑假要回來了！」司機看我們刷得很快樂，也跟著跳下來，三人合力終於刷乾淨泳池，再等到泳池注滿水，星星都出來了。第二天一大早，我跑去欣賞成果，一整片藍藍的天映在透亮的水面上，特別有成就感。

把敏銳的天線打開

前面提到我們會一個個傳遞訊息（也很像玩遊戲），簡單的當然很順暢，但偶爾難免「歪了」，或是執行得不夠細緻，原本的加分反而變成扣分。那次是三少爺去讀軍校回來時，阿桑不知從哪聽來的訊息說他食量增大，飯要盡量多添些，就用力把整碗飯壓得實實的。可是日本米要蓬鬆才好吃，弄得硬邦邦像碗粿，口感怎麼會好？果然，那碗飯遞上桌，我立即察覺三少爺露出驚嘆號，趕緊咻一聲閃身過去，「三少爺，我幫你換一碗。」進廚房先評估飯量還夠不夠，萬一只剩一點點就先再多煮一鍋，免得他還想吃又得等半小時。

然後是管家show time，鬆鬆舀一匙飯，很有技巧地放在碗裡，再把飯滾動成半圓形倒扣，弄成像一球冰淇淋，然後放在小托盤裡，黑芝麻、白芝麻、五味粉、海苔粉各種醬菜擱在旁邊任君挑選。上桌時燈光一照，白飯油亮亮，熱氣蒸騰，色香味俱全，三少爺開心地大口吃著，得意的小青蛙站在一旁，耳朵還在注意廚房裡的電鍋有沒有ㄊㄡˋ的一聲跳起來。

服務的本質是要做到心坎裡，把敏銳的天線打開，站在對方的角度設身處地做全方位的考量，連盛一碗飯如此細微末節都能顧慮到，其他事當然更不在話下。比方說我會去跟園丁要幾枝花，插在大大小小、五彩繽紛的花器裡，放在少爺和小姐的房間，夫人看到一朵一瓶沒變化，就接過去插花，我在旁幫忙清理多餘枝葉，還免費學了一堂插花課。還有，我無意間發現一個水晶鈴鐺，聲音清脆悅耳，想到可以放在迎賓客廳裡，請主人需要服務時搖搖鈴鐺，鈴聲一響，我從遠處回應「はい」（是的），表示我有保持隱私距離。隔了好多年後看外國電影，有看到英國貴族家裡也有用這招，無師自通，算我有天分吧。

同事們原本很習慣做完分內事馬上轉身去旁邊休息，但看到主人什麼事都叫我處理，我既勤快又做得很好，還整天笑咪咪的，他們也被感染，變得很主動幫忙做事。

這種策略在管理心理學叫做「鯰魚效應」，聽說是漁夫為了不讓剛捕到的沙丁魚因為運回的路途遙遠，活動力下降導致死亡，便在船艙內放入一條鯰魚。群體中有異類，沙丁魚會不斷游動，提升了存活率，運回時仍活跳跳很新鮮。延伸到企業就是藉著引進能力強的人，來激勵團隊的競爭力。

對的員工與對的老闆會彼此激勵，同步成長，老闆不吝於實質的、言語的讚賞，員工自然會做得更起勁；員工也可以成為老闆堅強的底氣，表達自己的信服，這樣團隊一定正向發展。如果員工很拚命，老闆卻總是挑毛病，不願給予肯定，沒多久大家就變成一攤死沙丁魚了。

許傑輝的

管家心理自學法⑬

服務的本質是要做到心坎裡，
把敏銳的天線打開，接收滿格。

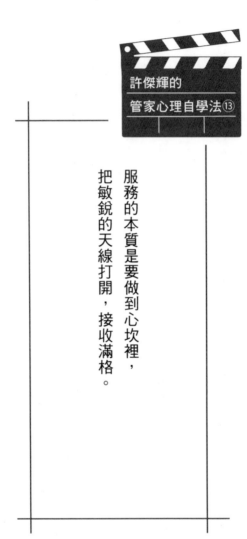

服務五代人是奇特的緣分，也是一輩子的榮幸

快樂的時光總是過得特別快，我收到兵單要去當兵了，只好向老闆提出辭呈。他想了一下，問我在中國信託銀行有沒有開戶頭？一聽就感覺會是好康的，我鏗鏘有力地說：「有」。他說：「小青蛙，謝謝你在辜家的服務，我會有一些安排，希望你退伍後再回來辜公館服務。」後來我去當兵，兩年什麼事也沒做卻可以領半薪一萬多塊，怎麼會有這麼好康的事啦？抱著感恩的心看著銀行存摺數字越來越多，但我一毛錢都沒動用過。

在訓練中心兩個月後我被選到國防部，又被選到總統府，那是要經過嚴格篩選：不能有案底、不能有紋身，要看起來順眼，不能有口臭、皮膚病、性病、痔瘡、香港腳……脫到剩內褲給醫生檢查，很像人口販子挑選貨色。

我興奮想著接下來兩年要在總統府上班，這是多麼特別的經驗啊。一級古蹟加上

總統府的各種傳說……最好是讓我找到當年日軍從東南亞搜刮回來的金銀珠寶，聽說還來不及送回日本就藏在總統府的某處。結果有天晚上就被一名參謀選兵帶去另一個神祕的地方！

啪、啪、啪燈一開，客廳真的好大，可以看出這裡必定是某位大官的官邸。

走近一幅超大油畫前定睛一看，是一位將軍騎在馬上，原來是何應欽將軍！

雖然從小功課不好，但還知道是接受日本受降書的那位將軍，哇！是歷史課本裡的人物！怎麼就這樣來到一級上將的官邸服務？我是何公館最後一任傳令兵，負責官邸的大小事，工作內容跟之前的管家差不多，但更怕做錯事就……來人啊！拉出去槍斃了！——我又在幻想了。

很順利地兩年後退伍了，第一件事就是去找大少爺辜仲諒先生，把這兩年辜老闆給我的薪水連同利息二十幾萬拿回去還給他。他很帥氣再把錢推回給我說：「這是老爸要給你的，你就收下。」我就說好，趕緊再放回口袋裡。

因為我不想放棄表演，這輩子最渴望的夢想始終是當演員，即使在辜家能安穩生活、年薪優渥，但沒有嘗試去追夢，到最後我一定會很遺憾。

和辜家的緣分並沒有因此中斷，中國信託＋中租控股＋關係企業的尾牙這麼多年來幾乎都是我主持。歷經辜老闆去世，換成辜仲諒先生當董事長，本以為改朝換代會換人主持，但還是一直由我主持。直到現在，連他孫子的滿月酒都邀請我主持，我很感動地說：「我十八歲進中國信託，十九歲進辜公館服務，到現在服務辜家五代人了，真是榮幸，也是生命中非常美好又特別的經驗。」

永遠刻在我的心底

有些人、有些事，原本連作夢都想不到會遇見，更難得的是這種綿長的情誼對我的人生造成深遠的影響。不知道是冥冥中注定的緣分，還是靠努力爭取，或許兩者皆有。

辜濂松先生離世的時候，第一時間辜仲立總裁來電問我，要一起去靈堂嗎？我很感謝他們還會想到我。向遺像鞠躬之後，一個人靜靜坐在寂靜的走廊，想著過去在辜公館服務的種種畫面。

忽然手機響了！說總裁要找我！有什麼事嗎？然後祕書跑來，帶我去找總裁，私底下我還是習慣叫三少爺，他帶領我走進一個房間很哀戚地說：「你跟老爸講講話。」

房間裡面放著辜先生的棺木，他信仰基督教，棺木上蓋著有十字架圖案的絨毛毯，平常反應極快的我這時完全說不出話來，萬般難捨的情緒全哽在喉嚨裡，隔了好一陣子平復情緒後才說：「這輩子能遇到您，我很感恩，謝謝您的教導，謝謝您的照顧。」猜想是三少爺知道他爸爸很疼我，特地給我機會來話別。其實到辜家服務只有短短的時間竟有如此特別的緣分，相信是因為彼此很認真地看重對方，才會建立起一輩子的關聯。不知道辜先生在天堂是否也會偶爾想到拿著六雙皮鞋的我？但很確定的是，您的照顧、提攜，您的恩情，永遠刻在小青蛙心底。

許傑輝的
管家心理自學法⑭

一場尾牙主持了二十年！這應該是創下台灣尾牙主持史上的紀錄。

中租控股總裁辜仲立先生在每年的年終晚會上，還會頒發公司服務年滿十五年、二十年、三十年……的同事一枚金幣。有一年他突然問我來公司主持尾牙幾年了？我回答十五年。他就把自己口袋的金幣頒給我！你們可以感受到我說的這種溫暖嗎？不過小青蛙不會貪心，隔年我又還給他，但是辜家對我的好，我會永遠保存著。

PART

03

專業的努力

——我的夢想魂

是奮戰也是「糞」戰

有次拍一場戲，兩個人在計程車裡對「大家樂」開獎號碼，後座的乘客問司機：「啊是開出幾號啊？」駕駛應該是興奮地唸出號碼，但我跟副導演說：「不對喔！」聲音的表演對劇情來說也是很重要，司機很平地唸出完全沒有興奮感，副導笑笑地說：「對，阿輝有專心盯戲，謝謝你。」能看見別人的優點也是一種學習，而且適當的鼓勵也會讓人表現得更好。

雖然只是小助理

二十二歲退伍後，童年那個偉大的夢想又清晰地浮現了。可是我又不是站在街頭會被星探挖掘的帥哥，只能先擠進幕後當工作人員。

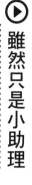

正好有人應徵製作助理，我就被錄取了。助理要做什麼呢？訂便當、開車接送演員、借服裝、借道具、打掃環境……總之，所有最低階的雜事全包了。

助理其實也並不簡單，比方說導演要你借一條圍巾，隨便借一條想敷衍嗎？一定會被罵到臭頭。事實上就算借來十條也可能都不合格，導演會看你有沒有用功讀劇本，進入狀況。本著「小青蛙精神」，我想把事情做到最好，租借道具時只要時間充裕，交代得夠清楚我都會盡量多準備，而且不是隨便亂挑，會仔細設想劇情、角色的個性和身分所需——如果戴這條圍巾的是貴婦，名牌或質感應該是要注意的地方；如果角色是美少女，那毛茸茸的比較浪漫可愛。雖然只是一個小助理，但為了展現創造力，我常常很雞婆地要多做一些。

但我又常常「假會」，每次詳細地解釋自己的想法，卻被罵：「你是導演喔！」

有回我們借了一棟老屋子拍戲，廁所又髒又臭，馬桶嚴重堵塞。我盯著在馬桶水中啵啵啵呈漩渦狀打轉的大便和衛生紙，思考該如何處理——

首先，垃圾桶太小，隨時爆滿，大家才會往馬桶裡丟，造成堵塞。

左翻右找，瞄到中午送便當來剩下一個大紙箱，套上塑膠袋變成非常理想的垃圾箱，但問題並沒有解決。原來房子太舊，化糞池已滿了，忽然一堆人使用、無法負荷，我就跟房東商量，找人來抽水肥，花費平均分攤。

總算馬桶暢通了，但整間廁所不通風，仍然臭氣四溢。我搬來大電扇，打開窗戶向外吹風。往窗外一看，後山長了很多野薑花，採幾枝來插瓶子裡，氣味大大地改善；再放一盒火柴，這個祕方是內行人才知道的撇步，劃了火柴燒出煙，具有化解臭味的功效。那時有參與演出的文英阿姨還特別稱讚我：「阿輝很聰明，還知道放火柴盒。」

接著我想有沒有可能再製造出第二間廁所。一切盡量就地取材，省錢第一，不可能大動工程。我發現後門旁有個L形的角落，撿來一個路旁被丟棄的水泥漆大塑膠桶子，再擋上兩盆有一個人高度的綠色多葉植物，就成了簡易男廁。

桶子不能空著，要放一點點水讓人知道作用。有些人邊撒尿邊抽菸，把菸蒂丟在桶子裡面，我用夾子撿出來，再整桶倒進馬桶，於是估計整天下來男生的總尿量也成為一項統計的小樂趣（當時就有現今大數據的概念）。

我還多加了一個小心思在桶裡放一朵花，果然男生都會朝花朵射擊，不會滴得到處都是。不要小看如此細瑣的工作，把廁所弄乾淨以後，讓大家不會再苦於大小解放，擁有比較舒適芬芳的環境，心情自然也比較愉快，等於無形中使拍戲程序更順利。

許傑輝的管家心理自學法⑮

什麼最厲害？

你能在有限的條件下創造利於團隊的事，我首推最厲害。

認同的請來按讚。讚！讚！讚！讚！讚！

透過學習，慢慢成長

如果有現成的場景符合劇情可以直接拍攝就算是很幸運了，但當年拍戲找景是一個大難關。攝影棚搭的景非常簡陋，連關門都會看到牆壁晃動，只好往外面找實景或蓋樣品屋。有一次找到一間老舊的戲院，把椅子拆掉就可以改搭成兩戶人家，裡面的客廳、臥室、廚房一應俱全，並因為劇情所需還搭出前後院，到時可以請燈光師打出不同時間的自然光，還可以拍雨景等等。而我這個小助理又忍不住「假會」，想把室內弄得更美麗，找到一家壁紙公司贊助，但拍戲學問很多，有些細節弄不好反而弄巧成拙，所以最常聽到的話就是「等你以後當導演再說啦」。

當時覺得做得很辛苦，也很少被稱讚，所以現在我遇到這種搞不清楚狀況但很認真的人，一定會詳盡解釋再把想法傳達得更精準。畢竟只要願意做就值得鼓勵，不要動不動倚老賣老亂罵人，誰不是透過學習慢慢成長過來的！

助理生涯中遇到各種棘手的狀況，除了不斷挫敗、挨罵，再一直想怎麼補強、怎麼改善，幸運的是可以從前輩身上學習。

隨時問自己：準備好了嗎？

有次請到王童大導演帶我們陳設古裝場景，地點是在一個小埤塘旁邊的鐵皮屋。我也沒有去過古代，怎麼會知道古代人的家裡長什麼樣子（所以還是要多讀書，熟知歷史就能拼湊出輪廓）？美術大師王童親自教我們怎麼布置場景。主角是個大胖子，家裡很窮，不適合放精緻裝飾品，桌椅碗盤都要很粗糙的樣式，再擺上古代生活上用得到的器具，並設計主角會站在埤塘那邊望向遠方，表現憂國憂民的樣子。有時大家丟出想法討論，譬如：主角要不要抽菸？但菸斗的形式有年代問題，不能亂找一支充數，或是要不要弄個竹筏，從埤塘對面拍過來，放點煙營造不同層次氛圍，應該頗有意境……有時忍不住邊討論、邊想、邊演，興奮到極點，點點滴滴的過程和學習充滿無限樂趣。

正因為這些樂趣，讓我的熱情又被點燃，如果有機會換我演會是……突然渾身帶勁。但老實說，偶爾也會冒出很悲觀的想法，難免懷疑人生，考慮要不要改行。

在這個行業如果沒有很紅，演藝工作常常是在等待通告的。也曾經有朋友找我去做直銷，談完急著要我簽約，我表示要再考慮，他卻咆哮：「我講這麼多，你還不簽？很不給面子，門在那裡，不送。」我沒有生氣，反而覺得他是菩薩派來幫我的人，如果他是很優秀很有技巧的直銷商，或許我就被說服加入了，然後從此放棄表演，但即使真的能做到什麼鑽石級top sales、老闆送我一輛高級房車又怎麼樣？我還是不會快樂，因為那不是打從心底渴盼的。

如果確定了目標，就算星途不順利，沒有人肯定，也要自我鼓勵，給自己打強心針。看到別人功成名就，不必羨慕嫉妒，要問問自己準備好了沒？同樣的大好機會來臨時，自己的能力夠不夠支撐起來？

沒有人理解你，甚至有人唱衰你，都無所謂，要有耐心學會沉澱，並且給自己一句讚美的關鍵話。沒錯，那很寂寞，但不是悲哀，而是堅持信念。

許傑輝的
管家心理自學法⑯

看到別人功成名就，不必羨慕嫉妒，
要問問自己準備好了沒？
大好機會來臨時，
自己的能力夠不夠支撐起來？

所有的考驗都值得？

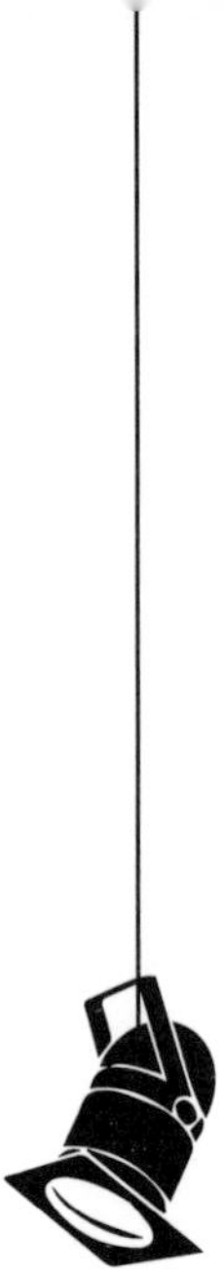

遇到好老闆是一種福氣，要珍惜；遇到不完美的老闆呢？是考題，是另一種學習。

▶職場中我們要顧慮到別人的心情嗎？

要完成一個任務時你最重視什麼？向來我的優先順序就是找問題、解決問題並做到最好，任何事都如此。

記得有一次新戲開鏡，副導特別吩咐要準備三牲四果，還說香爐要好一點的，不要隨便拿一個罐頭空罐或一杯米來插香，很寒酸風一吹又容易傾倒，感覺很不吉利。所以他一句話交代下來，我當然會準備得非常澎湃，回家才開始苦惱：「帶個漂亮的碗公或花瓶當香爐好嗎？好像都怪怪的……」環顧四周，一抬頭時，啊！我們家的佛桌上不就有個精美大理石香爐，這夠氣派吧！還雕龍雕鳳吔！

當天一大早我就帶著我家的香爐去片場開鏡，副導一看很滿意，大夥兒拜拜完，還發爐，互相恭喜收視率一定會很好，我忙著工作，忘記好好收著香爐，隨意堆在角落。收工後看到一張字條，上面寫著我家裡來電有急事。我打回家，媽媽壓低聲音說：「阿輝，你把香爐拿去哪裡？」我說拿來開鏡拜拜。媽媽很生氣，「你真厲害，連家裡香爐都拿出去分人用喔？現在是怎樣？事業做很大，當明星不得了喔？」這才想到被冷落一旁的香爐，趕緊找來，也沒想到要包好就往摩托車的腳踏板一放，匆忙騎回家。

沿路一大半香灰飄散在夜風中，我卻渾然未覺，回家時才驚覺整爐香灰只剩下一點點。

這可是爸爸去有名的大廟擲筊、捐錢才求來的，而且這個貴重的香爐每年只在過新年打掃時挪動一次，把底下的金紙換一落新的再壓上去。可想而知，虔誠的爸爸會多生氣，我只能懷著歉疚的心，恭恭敬敬地抱著那香爐放回佛桌，結果爸爸好一陣子都不跟我說話。

許傑輝的
管家心理自學法⑰

後來有和爸爸好好修復感情，
用了一個大絕招！
我們都會一起去種香蕉、採香蕉。
最近這幾年還ＰＯ影片上臉書……
他還會問我有多少人按讚。

提升自己，成為更好的表演者

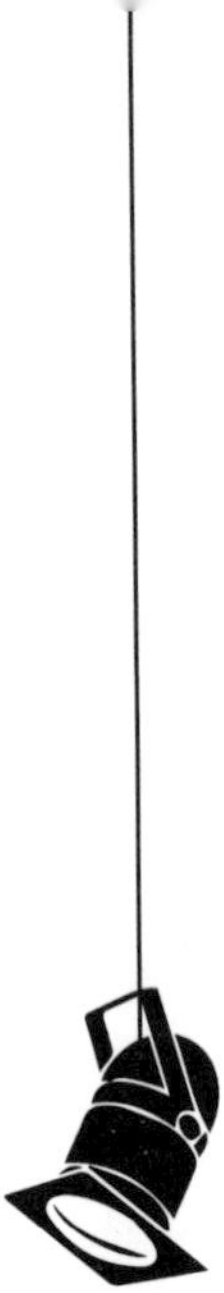

有一部電影叫《七劍》，故事是七位高手憑著七把寶劍展開的武林傳奇。我有七頂特製的假髮，彷彿是闖蕩演藝圈的利器，它們促使我不斷努力，要我創下屬於自己的傳奇！

七頂魔髮的製作

從小，我就跟著大人看日本摔角節目，豬木、馬場到虎面人，常跑錄影帶店租片，十六歲時尤其迷戀《八時全員集合》，當然後面小房間的AV女優片也有吸引我，但還是《八時全員集合》必租，那是當時日本綜藝節目的重要代表作，最高收視率曾突破百分之五十，內容包含了搞笑短劇與歌唱，捧紅了很多藝人像碇矢長介、加藤茶、高木胖、仲本工事、志村健等等。其中我最喜歡志村健，他獨特的搞笑方式讓我立刻變成鋼鐵粉！但我這個小粉絲卻不是只負責笑，我有發現問題。一直以來非常好奇——為什麼這些演員換裝速度可以如此神速？現場舞台的表演，同一位演員演一個老頭從這扇門進去，才幾秒鐘就變成小屁孩從那扇門出來，而且假髮造型完全不著痕跡，不是那種粗糙的道具，簡直像變魔術一般。

這個謎團圍繞我很久，後來才知道原來有一家假髮公司專為藝人們量身打造。我開始動腦筋想那我也來跨國訂購，但不知道他們接不接受個人訂製，那時也不像現今網路世代，用電腦打打字放進購物車就能解決。

一九九七年，我決定專程跑一趟，正好以前認識的一位朋友嫁去日本，就請她幫忙聯繫好拜訪時間。更妙的是，我參與的《黃金傳奇》外景遊戲闖關節目要去日本，錄影完我多停留兩天，看能不能來完成這個計畫。

當天一大早，充滿期待去假髮公司，那裡簡直像魔境，看得眼花撩亂、嘆為觀止！原來專業假髮會那麼貼合又方便替換，是因為像戴帽子那麼方便！

假髮裡面有鋁片結構！並非傳統軟式只用網子編織固定；每一頂的結構也都因為頭型、髮型而不同，假髮是一針針縫上去的，難怪戴上去栩栩如生。

完成品放在一個保麗龍的人頭上，再裝進一個長二十八公分，寬二十五公分，高三十五公分的長方形大紙盒裡便於收藏。

山田假髮公司通常只接電影公司、電視台或劇團的訂單，從來沒有接過個人的訂購。他們一方面想知道我是何方神聖，一方面也很擔心使用過後的保養或修護，很怕使用不當壞了他們店裡的名聲。最麻煩的是要一一詳細說明我想要哪些造型。

我的日文不夠輪轉，特別找來一名翻譯，溝通了很久，才說服對方願意接單。在參考了志村健的髮型和自己的構想後，我訂做了七個造型：第一頂瞞天過海「條碼頭」，僅剩幾根頭髮黏在頭皮上的禿頭先生，頭皮銜接的顏色還要用蜂蠟調色。第二頂「社長頭」，適合很有身分地位的企業家。第三頂是「黑道大哥電棒燙頭」。第四頂「小呆瓜頭」，個性憨直、常常窩在家打電玩的宅男。第五頂「爆炸頭」，八〇年代當紅樂隊Boney M.引發潮流的樣式，鬈鬈蓬蓬的毛球像個大麥克風。第六頂是「短髮小平頭」。第七頂是唯一自己想出來的角色「南極仙翁頭」，額禿頂廣，旁邊留著長長的白髮，手中拿著仙桃的長壽之神，過年特別節目或主持生日宴會可以拿顆壽桃，講些吉祥祝福話……結果至今沒用過，看來想像與現實往往差距很大。沒寄予厚望的社長頭，反而意想不到地在模仿節目中正好用來扮成經營之神王永慶先生，讓我賺進最多錢。

投資自己不手軟

工作檯上正好放了一頂志村健先生的假髮，我這個鋼鐵粉絲忍不住問可不可以戴看看。沒能和偶像拍照，至少戴過他的假髮也很過癮。但師傅說：「不行！志村健的頭圍是五十六公分，你的頭比較大，大概有五十八公分。」徒弟一量，果然我的頭圍不多不少，正好五十八公分，可見師傅多厲害！

原以為測量一顆頭應該很快，結果不是想像中那麼簡單，更誇張的是做七頂必須量七遍，因為髮型不同會影響裡面支撐結構的製作，這就是日本職人精神。髮網又細分成劇場版、電視版和電影版，我選了劇場版，網線較粗更耐用，但也因此稍微明顯，導致後來使用時要用膠貼合後再上妝遮蓋住，卸妝要先用酒精擦拭，等膠融了才能拿下來，每次都刺痛到哇哇叫，但我甘之如飴。

那天離開假髮公司時天都黑了，因為他們也教我如何幫假髮清潔、保養與簡單的修護，接著是漫長的等待，而且完成後不能用寄送方式，因為取貨時需在現場戴好，讓師傅再修改細節，所以得再跑去日本一趟。終於等到那一天，萬分期待地再次踏入山田假髮公司，戴上那七頂美麗的魔髮，師傅一一檢視，做最後修改，總算大功告成。

來日本前，我已經想好要怎麼帶回這七個大盒子。裝袋子很難提，更沒辦法抱著走（人手不夠），但記得紙盒上有做提把，所以帶來了兩根長竹竿穿過提把，一根前兩盒後兩盒，另一根前兩盒後一大盒，左右手像挑扁擔地扛去機場。想想那畫面是不是很滑稽？滿臉笑容的男生，踩著雀躍的步伐，挑著七個大紅盒子，只差沒唱起歌！我的內心充滿無限喜悅，暗暗讚賞自己：「許傑輝，你懂得投資自己，很棒ですね。」

沒有工作？那來研究解剖學好了！

大家應該會想知道如此耗費工夫、精工打造的專業假髮一頂多少錢？答案是大約台幣四萬多塊，在當時可以買一輛摩托車了，而我一口氣要花二十八萬買下七頂。更何況當時我的收入狀況並不好，也沒能坐上時光機看到未來可以上很多綜藝節目或是做政治模仿秀。總之，牙一咬、鐵了心，錢花下去，我帶著夢想回家，超前部署總不會錯。

有很長一段時間天天在家等電話，期待有人來敲通告，那種心情非常折磨，像一塊保麗龍被強力膠淋上去，慢慢侵蝕到全部爛成一灘，整個人焦慮到快生病了。所幸我堅持下來，想著先stand by，機會總會來敲門，到時候戴上魔髮，信心滿滿登台，一定超讚的！

所以沒通告時就閉關練功，我關在房間裡反覆看很多具備鮮明特色的名人影片，模仿適合自己表演的，比如說王永慶，不能只擠眉弄眼講些蠢話，要找出他談論的議題、發聲部位、特殊的口音，像在掏金一樣地找尋很多材料並去蕪存菁。模仿主要是秀這張臉，對著鏡子練習時我又突發奇想：如果把我的臉皮拿掉，底下的肌肉是長怎樣？有了！去找解剖學的書來研究，結果我找到有圖片分析說明的解剖書，還有一本素描書也有講解，天才畫家達文西也是為畫人像學解剖，看來我和他是同一個頻率的。澈底研讀後，我開始練習額肌、眉肌、眼輪匝肌、顴大肌、顴小肌、笑肌等主要十三條臉部肌肉，有次去演講，台下的觀眾都是牙醫，一位醫生稱讚我說：「許傑輝，你很用功喔，都背得出來。」除了記誦，我還實際運用，像鳳飛飛小姐應該就是鼻子旁的提上脣鼻翼肌特別發達，所以她講「感謝您」會皺起鼻子（我猜的啦）；嘴脣一圈是口輪匝肌、嘴角是笑肌，微笑是向上的曲線，那反過來不就變成阿姑親一下的嘴型！（阿姑是當時節目製作人周遊，圈內人都如此尊稱她。）

開發中想到一個主題，巴不得趕緊躲進房間練習。「像」是最基本的，還要有誇張趣味和個人創意，最高境界是要無招勝有招，達到內化且活用成表演的點，你能完全進入那個角色，講話、動作、思想都與本尊如出一轍。

而除了學習和研發，還要鍛鍊心理，因為所有過程都不是在已有賺錢通告時做的事，類似完全沒有訂單，但要先想出滿坑滿谷的好商品；也就是儲備能力，提升自己成為更好的表演者，並確實訂出目標，如果不這樣鞭策自己，我很容易一天就這樣浪費過去了。

許傑輝的
管家心理自學法⑱

你是不是也很容易一天就這樣浪費過去了？
那就給自己定一份功課表，
要別人來鞭策你一定很不爽，
自己來鞭策自己才嗨好嗎？

永遠準備當一個「異於常人」的藝人

說起來很簡單，但最重要的是練功，我最常講的是你練一次和練十次的有差，你練十次又和練一百次的也有差……

練到瘋魔狀態時，有一天媽媽敲門問：「阿輝啊，你有朋友來喔？」我隔著門說沒有啊。媽媽可能在想房間裡明明有那麼多人的聲音，怎麼?!

故意切一盤水果送進來，藉機看裡面有沒有藏人。房間擺設很簡單，沒地方藏一堆男女老少，她很快掃視一遍，嘴上叮囑我早點睡、不要太累，又左顧右盼拖拖拉拉才離開。

房門一關上，我又繼續演練王永慶、阿姑、蔡康永、沈文程……不知道媽媽是否在門外聽很久，越聽越毛？有一天練功練到很累，出房間想喝杯水，赫然看到五張不同顏色的符貼在門楣上——左青龍、右白虎、中黃龍、南朱雀、北玄武坐鎮！媽媽八成以為這個兒子中邪了，還是走什麼旁門左道，引來一堆看不見的「不祥之物」啊。啼笑皆非之際，就當成是媽媽頒發的另類獎狀吧！

機會是給準備好的人，雖然我好像永遠在準備中，但機會真的一個個來了。有一次我一身漫畫人物「魯邦三世」的誇張打扮，鮮豔的紅西裝配黑襯衫，戴上「大哥電棒頭」和太陽眼鏡，一出場觀眾全都鼓掌叫好，這才叫異於常人的藝人吧！

大哥大菲哥讚不絕口，並不忘記加一句：「阿輝啊，下個禮拜再搞點別的，不錯不錯。那個製作人啊，以後多發通告給他。」

獲得滿堂彩，我更有自信但毫不鬆懈。我和製作人說下次來錄影表演徒手轉起各種東西。從轉一本雜誌到湯圓竹篩，再來是一把亢龍鐧，類似電影裡狄仁傑的武器，看起來像是一根棍子，沒有刃，只有一個不銳利的鈍尖和四條棱，底下有個小凹槽，大小如印章，這麼怪的東西轉得動才夠厲害。我沒事就練習，轉到指甲斷掉再用透明膠帶黏回去繼續練，根本是愚公移山的精神。

但畢竟不是特技人員，不能規規矩矩表演完下台一鞠躬，諧星必須有笑點收尾。上節目時，轉完一大串東西後我就說壓軸是轉棉被，但要一個女生幫忙。我以一隻腳當軸原地打轉，頂起棉被，那個女生壓低身子貼在我身邊跟著跑，然後真的把棉被轉飛起來了，接著越轉越低，她跟著蹲低，到最後棉被把我們蓋住。主持人把被子一掀，兩人假裝疊在一起親熱，主持人狠狠踢我一腳，觀眾笑得樂不可支。下週通告又來了，我繼續研發新招。

你願意全面升級你的工作嗎？

有了這七頂假髮，表演也跟著更多變化、更到位，因此爭取到更多機會，早已把花費的二十八萬賺回來了。我在假髮盒子裡放了一張表格，登記幾年幾月幾日哪個節目賺了多少錢，並對著假髮默唸：「謝謝你，又讓我賺到錢了，辛苦了。」

隨後困擾的事也跟著發生了，很多藝人想借用我的假髮。

老實說，我不樂意借出，原因無他，而是個人量身打造的「專業武器」，變成大家共用的道具，很不專業吧！還有些人覺得我在炫耀，但「功欲善其事、必先利其器」是很基本的概念，為什麼沒有人問我怎麼訂製，然後去訂做專屬於他們的假髮？這樣觀眾才能看到更多有創意、更精采的優質表演。

不只在演藝圈，其實在各個職場上也是同樣的，你有沒有自己去開發更好的方法，讓工作更有效率、更有質感？你願不願意去學、去做、去嘗試？看到旁人有好表現，你會不會試著學習，甚至再昇華？如果每個人只是唱衰別人或眼紅嫉妒，只想打安全牌，因循苟且，很快會變成一灘死水。

當周遭有人做了一件特別的事或有獨創的想法，大家不妨思考為何他這樣想、為何要做這件事？這件事、這個想法本身到底是好或壞？好事大家共襄盛舉，一起腦力激盪，整體團隊才會越來越進步。就像電玩遊戲，武器要隨時全面升級，否則怎麼打怪！而我們的工作、人生，不也像在辛苦地度過一關關，迎接一場場考驗，有隨時都準備好要面對大魔王了嗎？ＹＥＳ！握拳。

許傑輝的
管家心理自學法⑲

有一天，我在宜蘭的蠟筆工廠出兒童節目的外景，手機一直震動，什麼事啊？一大早的！一堆記者來電問我現在的心情？

原來是我常常模仿的經營之神王永慶先生去世了，問我感想？

我怕說錯話不敢做任何回答，只說了請家屬節哀。雖然我們不曾見過面，但我靠模仿王董賺了不少錢，他也算是我的恩人，雙手合十對天三拜，感謝您。

之後我就宣布不再模仿這個角色了。

看人臉色，讓我上了好幾堂課

不論是從事服務業或進入演藝圈，長久以來，我看最多的就是臉色，各種臉色。有時候常常會問自己做錯了什麼事嗎？有時候分享喜悅卻遭對方漠視。

曾經我也很玻璃心，後來轉念一想：別人冷哼一聲，也許因為正好有蚊子飛進他鼻孔裡！哈哈！

▶最好笑的故事往往夾雜著悲傷

當執行製作兼演員的那段日子，我參與華視一齣很紅的單元劇《母雞帶小鴨》，這齣戲劇和之前的兩部單元劇《全家福》《佳家福》並稱為華視的「家庭三部曲」，以文英阿姨飾演的房東貫穿全系列。在沒有第四台的年代（有線電視是一九九四年開放的），三部曲的收視率高得驚人，當時最紅的小虎隊蘇有朋也有演出，片頭曲是紅孩兒演唱的〈青春永遠不會老〉。我雖然不是主角但也頗受肯定，於是有機會和偶像明星們一起參加反毒宣傳活動，偶像們輪番唱歌跳舞，我在後面跟著揮手助陣（好弱齁）。

活動結束後，全部藝人坐上遊覽車準備離開，所有粉絲一擁而上，推擠著整台遊覽車要求拍照、簽名，人山人海團團圍住，擠得整台車都搖晃起來。熱情粉絲興奮地大叫：「乖乖虎！」「吳奇隆！」「韓志傑！」「施易男！」他們有時還打開窗戶，接受粉絲的獻花和禮物，車上車下玩得不亦樂乎，才一下子遊覽車最後一排座位上堆滿了一束又一束的鮮花和禮物。文英阿姨也有，而我……沒有。我只能規規矩矩坐在文英阿姨旁邊，看我難堪不安，她抽起一根菸，用台語很沉穩地說：「坐好。」她很清楚我心中有多尷尬，因為此起彼落的呼喚聲，連叫一聲「許傑輝」的都沒有。

我默默祈禱著趕快遠離這裡，終於車子發動引擎了，但人潮太洶湧，趕走了這堆又擠進來另一堆，指揮交通的口哨聲、汽車的喇叭聲、引擎聲、粉絲尖叫聲，一片混亂……眼看車子可以開走了，又急煞車怕壓到人。

我的心裡也亂紛紛，很失落卻忍不住帶著一絲絲期待。

此時聽到遠遠傳來隱約的叫喚聲：「阿~輝~」我猛地拉開窗簾一看，沒有！難道我聽錯了嗎？文英阿姨又說：「坐好啦。」只好又乖乖坐回椅子上。

主辦單位加派更多工作人員奮力開路，連警察也都騎摩托車來幫忙疏導，過一會兒，又傳來更清晰的聲音「阿~輝~」，這次沒聽錯，再度拉開窗簾，文英阿姨也湊過來幫我找是哪一個人在叫阿輝。

在茫茫人海中總算看清楚是一位戴著厚片眼鏡、胖胖的女孩，拿著一小束花在叫我，她擠到眼鏡都歪了，頭髮也都亂了，好不容易靠近窗戶旁。我趕快伸長手臂要接過來，但推擠實在太嚴重了，手指才搆到包裝花的玻璃紙，女孩又被擠走了。她像被強力漩渦般地沖走，這時候車子要開走了，我只好大聲反覆地說：「謝謝妳，謝謝妳。」

眼見這束無緣的花就淹沒在粉絲漩渦裡，離我越來越遠……越來越遠……沒想到，突然間女孩使盡全力逆向硬擠回來，推開所有阻礙，對！沒人能阻擋得了她的決心，像是打橄欖球一樣一定要把那束鮮紅的玫瑰花交給我，衝啊！這次我連身體都快掉出窗外，終於拿到花了，「謝謝妳！謝謝妳！」我很感動地看著已經被擠到變形的玫瑰花，發自內心感謝她，台灣有句俗語說：怨無不怨少。不錯了，至少有一個粉絲注意到我。

車子緩緩開走了，心頭暖暖的，再往外一看，在心裡又感動地說：「謝謝妳！」

女孩再度被擠到人潮後方，這時遠遠又傳來她大聲地說：「幫～我～拿～給～

蘇～有～朋……」

最好笑的情節往往夾雜著悲傷，這才是喜劇最精采的地方吧。

不要活在別人的臉色中

在工作崗位上難免被冷落或被嫌棄，有時候只是對方「嘖」的一聲，你都傷心難過，覺得活在天天看別人臉色的日子裡，那可能換哪一行都堅持不下去。

在知名連鎖髮廊的演講中，我和大家分享：如果客人吹頭髮好像被吹風機有點燙到，很粗魯地挑剔責罵，不要馬上覺得客人很GY臭臉相對，可能是這位客人一貫的表達方式，很不得體地發洩情緒，遷怒到你身上；也可能有階級觀念，覺得自己花錢是大爺，幾百塊洗個頭，稍微不滿就可以大小聲。

這些都是教育問題，因為學校沒有教過大家怎麼表達。有修養的人不會亂發脾氣，被燙到可以幽默地說：「你這樣吹太靠近了，我會變鬈髮喔。」設計師或助理也應該誠懇道歉不要狡辯或硬要解釋什麼……

反過來說，如果你的技藝夠高超，應該不至於出此狀況。

不要小看吹頭髮，細心妥貼地從各種不同角度調整溫度弄造型，就不會惹客人不舒服。你心不在焉或很不耐煩，只想趕快把頭髮吹乾，當然容易出差錯，被嫌被罵是誰不對？你的身體有沒有和客人保持沒有壓力的距離？你有沒有一邊展現你的專業技術，一邊展現出溫柔與認真負責的態度，還不忘教導客人吹整護髮等常識，讓對方覺得被照顧？這都是所謂的職場表演學，當你表現得好，客人都會看在眼裡。

萬一你真的無緣無故掃到颱風尾，被客戶或主管以情緒、語言、動作指責，當然會不好受，但千萬不要自我打擊，只要平和地表示「抱歉，下次改進」就好了，真的不必再說明強辯，會覺得你在頂嘴。

道歉化解爭執場面，並讓自己更專業、技術更厲害，自然越來越不會看到壞臉色。

許傑輝的

管家心理自學法⑳

我們小時候都有學「請」「謝謝」「對不起」，怎麼感覺現在大家都忘記用這六字真言？

不用否定、唱衰自己

如果你和我一樣不是社交型，不善於應酬也不願隨俗，那就要在專業研發領域多下工夫，勤於練習、增強實力，而不是天天浪費時間或只忙著想賺錢……忽略掉工作最重要的本質。

很像演戲，你要熟讀劇本，清楚角色定位，自己在劇中長什麼樣子？如果你做的準備是正確的，一定能演什麼像什麼。

不論哪一行都很辛苦，但只要你肯用心，其實都不難。

比如業務員電訪，很制式的開場往往沒講完就被掛電話，可能每天都得忍受無數次粗魯無禮的回絕，大家有沒有想過是不是先和同事互相演練一下話術，怎麼講會讓對方繼續聽你想傳達的訊息，什麼樣的音頻才不會讓人覺得倒彈？還是日復一日被掛電話到沒感覺，看人臉色看到麻痺，根本沒情感地機械式工作，這樣怎麼會有好業績？

有沒有人敢跳出來說既然電訪成功的機率低，要不要乾脆修改這件事，把這個資源轉換成另一種方式？再舉例出外拜訪客戶，要不要提早十分鐘去熟悉環境，或許在聊天過程可以用到，不能只想從人家口袋裡賺到錢、趕快做完業績走人。還有，回公司習慣走同一條路嗎？換一條路試試看嘛，說不定生命中安排了驚喜。如果你在所有細節上擁有這種熱情，遲早一定會有好成績。至於客服人員，你是否內建挨罵的心理準備？畢竟打電話來的人絕少是讚美你們的，多半是抱怨，不能被別人憤怒的情緒牽引，否則絕不會有好的ending。

臉色，有些看過立刻要忘掉，有些要檢討自己，最糟的是否定自己，一無所獲，漸漸沒信心沒自尊，下場只有放棄工作。不管接受到來自誰的哪種臉色，要試著消化——自己犯錯了，道歉、修改、求進步，等於上了一課，應該感謝對方；沒做錯，不要受人影響，就像電影《孤味》裡說的：「沒有一個人可以真的教另外一個人怎麼放下，只有你自己可以。」

許傑輝的管家心理自學法㉑

臉色，有些看過就要忘掉，不要背負在身上。
而我都會努力記得！
將來找機會報仇嗎？
不是啦，以後有機會演出這種角色的時候，
我就有千百種使臉色的演法供導演挑選。

PART

04

創造的努力

——我的挑戰魂

當你越專業，越不怕挑戰

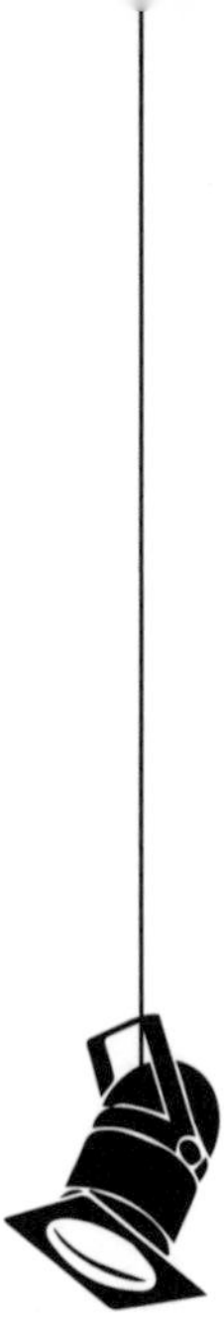

委屈！吞得下去，吞不下去，取決於肚子的容量。
委屈是一種特殊的補品，它會讓你「烙賽」，或讓你更強大。

突破自己，投入舞台劇

在那段演高中生的歲月裡，幾百集戲拍下來不知不覺變得很油條，嘴臉越來越驕傲惹人討厭。一開始也不以為意，反正戲來就演、錢來就賺，自我感覺良好，但漸漸驚覺被同事們排擠，導演對我也感到失望。

我關在房間面壁思過，最後決定不能一直安於現狀，停在原點絕不會進步的，於是推掉戲約，轉換戰場，設法加入劇團演舞台劇。

雖然因為電視上的演出有點知名度，也抓到演戲的竅門，但舞台劇是一個更巨大的畫框，你除了要懂得如何在這樣的舞台上演出、怎麼和現場觀眾互動，甚至還要能感受到觀眾的呼吸，自己的表演能量夠不夠牽動著觀眾和演電視劇大不相同，尤其是不能ＮＧ。

歸零學習，我記取以往的教訓，不能上手了就自以為是。

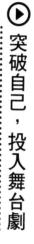

剛進劇團當然不可能立刻爭取得到什麼角色，全部從最基層幹起。那時候就連劇團演出前會上街的宣傳活動、發宣傳單、貼海報、放DM、做道具佈景、幫忙賣票……都做。這樣努力著讓我有享受到像苦行僧般，每次演完謝幕一鞠躬時常常會將無悔的汗水和淚水一起滴落在舞台上。

開心之餘，滿腦子想挑戰更高難度的戲，正好劇團請了位剛從國外進修回來的導演，不禁摩拳擦掌，充滿了期待，只是沒想到事情和我想的不一樣。

這位導演年紀跟我差不多，在國外念過知名的大學，所以他不管是排戲或訓練時總會習慣用英文表達，這下難倒了我。有一次排練時他忽然要求把主角的台詞改成英文，還說這段用英文講更有味道，並故意講了一大串英文問我聽不聽得懂。我乾笑一下，他說：「我剛剛在說什麼？你不知道在笑屁啊！」其他團員也笑出聲音……

當場被這樣羞辱當然很不好受，我心想讀過書的人真的不用這樣羞辱人吧。總之，對導演的種種言語、眼神，我都忍住，相信只要我有好表現，他就沒話說了。

許傑輝的
管家心理自學法㉒

如果你很生氣！很生氣！
都會怎麼處理自己的情緒？
我都用走路，走一段很長很長的路，
一直走，一直走氣就消了。

有需要當眾羞辱我嗎？

接著準備要登台，在國家劇院那麼大的舞台演出當然有非常多細節，除了演員和演員的彩排，還要技術彩排，主要是對和表演有關的燈光、音效、幕起幕落及轉景等等變化，這些都是整齣戲中很重要的部分。舞台上正忙著排戲，導演說：「center center。」我不知道那是什麼意思，愣在原地。他又重複用很不耐煩的語氣說：「許傑輝請站center center center！ＯＫ？」我既尷尬又狐疑地看著他，他忽然提高音量大罵：「你他×的連center center是什麼都不知道！你憑什麼站在國家劇院舞台上！」旁邊的人趕緊告訴我「center center」是指舞台正中央的再中央那一個焦點區域，導演怒視著我，我也回瞪。

心想「有需要這樣羞辱我嗎？」，我默默地走到位置。他才轉開視線，還不忘講了一句英文，我仍聽不懂，但大家都笑了，我就懂了。

一肚子火在內心悶燒了一整天。他憑什麼這樣針對我？我明明很認真很努力了，他不過喝了點洋墨水就不得了嗎？起身衝到排練場外面，自由廣場很多民眾在悠哉散步或運動，他們都那麼開心，顯得我更像一頭憤怒的暴龍，只是強壓抑著沒噴火。心煩意亂地走去販賣機，我買了一瓶飲料，坐在中正紀念堂石雕燈上，那裡離劇團排練人員進出口很近。我拿著玻璃瓶輕敲著石雕燈，發出鏘鏘鏘的聲音，腦子裡滿滿全是負能量，想著等一下要怎麼跟導演輸贏。哼，什麼center center我不知道啦，但是等一下你一出來我首先攻擊你哪個位置我很清楚啦！然後開始在腦中排練：Take one，二話不說把瓶子砸過去，但不砸到他身上，丟在他腳旁邊，讓玻璃噴上來，再罵髒話、甩他耳光。他一看就不是混過的，一定會嚇得屁滾尿流，萬一敢「含扣」（台語，意思為反抗、反擊或回嘴），我隨著來一個反手扣，把他壓倒在地往死裡揍。Take two，直接飛踢踹他，那種讀書人絕對嚇到抱頭求饒。還有Take three、Take four……非要狠狠教訓他，是沒見過壞人吧！

理智與情緒在拔河

一邊在異想劇場不停上演著精采動作好戲，一邊注意導演有沒有出來，結果等了很久，等到燈一盞盞關了，他的身影始終沒出現。是不是有人偷偷通報叫他躲著？怒氣未消的我不甘心地守著，沒有人注意到我，廣場上大人小孩繼續玩耍歡笑，陣陣涼風吹拂，傳來隱約的花草香和鳥叫蟲鳴，世界依然平靜地運轉。暴龍心中的怒火慢慢消退了，自我的理智和情緒展開了對話。

理智輝淡淡地說：「你不覺得自己也有不對嗎？」

情緒輝回嘴：「哪裡不對？是他先羞辱我的啊，林北就是要給他好看！」

理智輝很誠懇地開導：「你自己不懂啊，人家沒講錯，真的有本事不是只會表演而已，連基本用語都搞不清楚這樣對嗎？」

情緒輝繼續辯解：「我最會逗觀眾笑，鼓掌聲比別人多，還不夠嗎？」

理智輝下結論：「明明就不夠，還有譁眾取寵是最簡單也最廉價的。」

分裂狀態終於元神歸位，冷靜下來，想想人家為何可以這樣刁難我？因為我有軟肋，被人家逮到，就像擒拿手被人扣住只能投降，功夫比對方高才可以輕鬆地轉過來反制他；但我的功夫不夠好，被罵也只是剛剛好而已。

天色更暗了，我的心卻像被點亮一樣，放下情緒也放下瘋狂的念頭，手裡的玻璃瓶也丟進垃圾桶了，並發誓要更努力學習。當你專心沉浸在某個領域、努力吸收學習時，很快地在無形中建立起個人的專業資料庫。從半懂不懂到滾瓜爛熟的精進過程中，我到處問隨時學，從書本中、從前輩作品中、從天天的實際操作中，秉持著打破砂鍋問到底、追根究柢的精神，像購物台賣的超級海綿般極盡能事地吸收。這是我的樂趣所在，所以學得又快又深入。

學到可以教人的時候我也樂於分享，所以我當導演時會做得更仔細，請人畫分鏡圖來說明每個鏡頭的想法，有耐心地引導演員怎麼表現，可能有時候他們還不理解很排斥，但最終又會認同我的設計。每天各組人員問我至少一百個問題，我幾乎全都迎刃而解，解不了的請他們給我時間回去做功課，甚至有人問：「導演，你為什麼懂那麼多？」有沒有聽過男人到這個年紀只剩一張嘴？或許我太囉嗦了，其實對方只想要五分鐘簡單講完結論就好，但我忍不住想分析得更完整，讓對方明白來龍去脈。

現在回憶起以前被羞辱的情景，我賤賤地感謝那位導演，他讓我知道自己的不足，再站到center center時我自己都會想學暴龍叫一聲。慶幸年輕的我沒有在衝動之下造成悲劇，反而是發憤把功夫練得更扎實，並樂於分享。每個行業都是如此，不要把問題推給別人，被罵不要只會埋怨、記恨、討拍，而要讓自己做到無可挑剔，不怕別人的挑戰。當你越專業，連帶可以幫助其他人成長，整個團隊的表現才會亮眼。

許傑輝的
管家心理自學法㉓

後來中正紀念堂的自動販賣機幾乎都沒有販賣玻璃瓶裝的飲料了，
是為了預防有別的暴龍也想復仇 Take one、Take two……嗎？

怪奇雜貨店

電影《ALWAYS 幸福的三丁目》有場將鈴木汽車拆解的戲，如果不明白車子的零件、性能、構造，怎能把車子修好或改裝呢？表演也一樣，不懂得拆解、分析、再創造，永遠慣性表演，必定會淪為耍不出新把戲的老狗。

▶我是個表演的設計師

如果你問我在表演領域中有什麼優點，我敢拍著胸脯說：我是個表演的設計師，善於分析、拆解、組合、創新。

有一次要排練一支爵士舞，編舞老師就這樣慣性地編排，我覺得這樣的元素精采度不夠。還能再給出不一樣的感覺嗎？

編舞老師說：「導～演～你不懂啦。」我雖然不會跳爵士舞，因為我沒練過，但我很清楚你們只是複製貼上，沒有看到創新反而看到惰性。

看任何表演我也很愛找創意靈感，譬如說我會特別計算電影《神鬼戰士》有幾場打鬥，試著找出導演安排的技巧用意。還有像卓別林的默劇，有一齣是大力士拿斧頭砍他，他正好急停閃過但砍到鞋子，露出從破襪子伸出的腳趾頭，卓別林表情驚慌滑稽又無辜地舞動起來。除了捧腹大笑，我立刻想到的是如果這一刀下去沒砍準呢？這樣拍可以一次ＯＫ嗎？還是要試驗排練很多次？後來研究出他是「倒拍」，也就是所有驚險動作都是倒著演，這樣就不會有危險，然後再轉成觀眾看到的一氣呵成的樣子，可見喜劇演員需要很會精算與設計。

凡此種種研發需要花費很多時間和專注，但絕對是必要且加分的，我！都特別有興趣。

模仿秀也是如此，我設計了很多流行語或故意突顯各種口音夾雜在角色中，不但演出更活靈活現，還增添笑點。也因此不管演任何戲，演員都不能只是把台詞講完，應該有更多表演的可能性；哭的時候、笑的時候、感動的時候，連帶手腳的動作、眼神的傳達、一個呼吸……太多細節與可能都可以表現自己的與眾不同，但切記學全了就要放乾淨，不然會飄散出想太多的匠氣。

▶學會台上台下的互動

除了從小就熱愛的研發，把很多怪招運用到日後的表演工作上。記得有一次去國小演講，光是集合希望同學安靜就快要那位老師半條命了。換我上台時就說：「請問男生的尖叫聲在哪裡？」男生全部狂吼嘶喊起來，讓他們喊一陣後，我做個手勢要他們停下來，「再來，女生的尖叫聲？」女生期待已久，又一陣呼天喊地的驚聲尖笑，我再做出休止手勢，「現在，男生女生統統有！」立刻聲震全場，禮堂的屋頂都快掀了，校長都跑來看以為發生了什麼事。同學喊完之後，「來，換老師的尖叫聲！」同學們好高興、好期待可以整到老師，這時候主任來了，我忽然cue他，「來，主任的尖叫聲？」他一頭霧水傻愣著蛤！蛤？學生笑到前仰後合，台上台下瘋一團，氣氛high到頂點，一切在掌控中就可以開始好好演講了。

這是所謂的「方法門」，用勢如破竹的互動吸引觀眾，一般單調乏味的開場白就遜掉了。但不同的聽眾要用不同的方式，不要以為阿輝只會這一招。演講結束後，我又丟出一個遊戲指令：「開頭你們男生女生都叫得很大聲，等下我們來挑戰另一個，看你們能不能退場時一點聲音都沒有？我會看哪班做得最好喔。我今天的演講就到這邊，謝謝大家……」台下熱情掌聲雷動，我鞠個躬說：「好，現在，來，預備備，請班導各自帶開。」

果然大家寂靜無聲地離開，每個學生都專注得不得了，簡直像遙控器按到靜音，一大群人緩慢輕盈地挪腳步，我在台上繼續提醒他們如何控制自己身體。「嗯，有的人腳跟先著地，也有全班是踮腳，都很好。感覺大家呼吸都保持一致……咦？怎麼老師最大聲？」女老師趕緊把高跟鞋脫下，全體想笑又忍著，偷偷摸摸走路，真是太可愛了。

事後主任笑著告訴我：「輝哥，我來這學校八年了，第一次看到學生這樣配合，真的沒聲音呢！」

這個例子正是做劇場學習來的，我練就一身跟觀眾互動的好本領，否則如何在千人的國家劇院中說東就東、說西就西？觀眾為何要聽你的？你一定要先秀一套本事說服他們，讓他們喜歡你，為你著迷，必定也很樂意與你共舞。

而且不能只有一套，必須準備很多套，一再追加堆疊，就連最後謝幕也都要保證精采。台上演員演技精湛、互相飆戲，台下觀眾跟著哭哭笑笑、完全投入，整齣劇自然爆發出精采的火花。

許傑輝的

管家心理自學法㉔

小時候我很喜歡跟著阿公各帶著一張板凳到處去看歌仔戲、布袋戲，就連來村口賣藥的特技團、變魔術的、跳脫衣舞的我都有跟上，就是不能看傀儡戲？因為看了傀儡戲當晚就一定會尿床！

願意搞東搞西，不怕被嘲笑

學習各種技能更是我樂此不疲的事，人家說的「搞東搞西」，正經念英文算數學我不行，但只要一聽到有厲害的東西，不會害怕自己不夠格，就算搞不清楚到底要學什麼也無妨，反正有機會爭取到去學了再說。

有回聽說吳興國先生的「靠子功」（紮硬靠）是一流的，我趕緊把這三個字記下來，找一天大膽上門拜訪他。正好那時他們劇團要演出《樓蘭女》，在門口看到宣傳單，我詢問可不可以參與演出，就算沒露臉也沒多少錢，戴著鬼面具跑來跑去演鬼魂都無所謂。其實想以此為藉口接近吳哥，才有機會一面排戲一面求他教我靠子功。

當我問吳哥可不可以跟他學靠子功？他問：「你是科班出身嗎？」我搖搖頭。「知道什麼是靠子功嗎？」還是搖搖頭。吳哥講解那是訓練京劇演員的技術，紮靠旗是在背部紮四支大旗子，靠子功就是下腰做鷂子翻身時讓旗子輪流打在地上，技術差一點的只有「啵」一聲，厲害的是接連發出「啪啪啪啪」四聲。京劇每演到這段，鼓聲密布，觀眾打起精神，知道演員要秀了，啪啪啪啪四聲一響，台下老先生們就算已經睡著了也必定會醒來大叫一聲：「好！」

京劇裡有很多眼神、身段、唱腔，不是一兩天能學會的，吳哥雖然很大方分享，願意教導我，但排戲沒時間而且運用不上，所以他先教我倒立——要怎麼跑過來，一個「鯉魚躍龍門」把身體倒過來？怎麼把力量卸掉才不會受傷？（以前他還是學生時是同學們一排靠牆倒立，誰先把腳放下，師傅就一鞭抽過去。）吳哥教了一個小撇步，倒立時兩隻眼睛要看著手的大拇指指甲。開始時我只會盯著拇指，後來發現還要縮肛，但也不能縮太緊，否則全身太僵硬，也就是現在所說的核心訓練。師傅領進門後，所有修行要靠個人，我還找過老師學唱腔，武生、老旦、花旦，什麼角兒都可以唱幾段，舉凡此類功夫多多益善，我從不嫌煩或辛苦。

回想起那是一九九三年時，很感謝當年自己的勇氣，竟然敢去找頂尖藝術家學習完全陌生的事物；願意搞東搞西，不怕被嘲笑。

累積下來，身體裡像怪奇雜貨店，什麼都有，什麼都會一些，什麼都可以秀一段。

為何對表演這麼有熱情？因為從小具體浮現出優勢，讓我很清楚這是老天爺給的天賦，很幸運地早早確定自己要走的路。

目前我仍在努力中，成功對我來說，是可以擁有更大的表演能量。也許我不是條件最好的，也沒有很高的學歷，但所有會的都是扎扎實實苦練出來的，期許未來我能拚出真正的代表作，並讓影劇圈、舞台劇、電影界這項藝術文化實力更堅強，創造出更多不一樣的發展。相信這一切不是靠機運，而是要自己創造出來。

世界對我不公平？

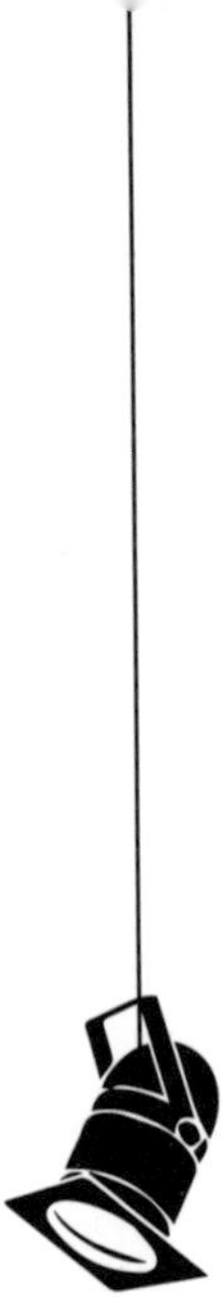

有聽過這樣的説法嗎？
有多少人喜歡你，就有多少人討厭你。
喜歡沒原因，討厭也沒理由。
最重要的是自己要喜歡自己。

阿娘喂，竟然有這種人！

剛退伍時，好不容易找到了一份工作，每天上班都很拚命。

有一次，我被指派要負責聯絡某位名教授，帶領大家的女主管向來精明嚴厲，她特別盯我這個菜鳥要趕緊聯絡上教授，但沒給予任何資源和指導，回身窩在沙發上蹺著腿看書。同事也不知道該怎麼辦，我只好愣愣地想著該怎麼完成任務。

沒多久，老闆來上班了。他前腳還沒有踏進來，主管忽然像戲精上身，翻身拿起辦公桌上的電話自編自導自演：「好好好，教授，那就這樣說定了。我會把這件事後續交給同事許傑輝，由他跟您聯絡，謝謝啊！」還一邊對著老闆比劃ＯＫ的手勢，老闆喜出望外，因為一直以來很難約到這位教授。她掛斷那通「假電話」，老闆很讚賞地跟她點點頭就走進辦公室了，這時她用手上的書直指著我說：「你看著辦。」

當場我完全傻住了，因為從來沒遇過這種人，可以作假到這種程度！她為何要陷害我？她明明知道我沒有人脈，根本還沒有進度，卻讓老闆以為搞定了，叫我來擦屁股！

過一陣子才想通，主管輕描淡寫地演這齣戲，如果我搞砸了，她可以推得一乾二淨；如果我辦好了，她可以攬功勞、給老闆好印象。從頭到尾我只能啞巴吃黃連。可能有人奇怪，難道主管不怕我很衝動地拆穿她在演戲，當著老闆說：「等一下，妳在作假，否則立刻給我教授的電話號碼。」但她吃定我不敢，因為菜鳥不可能冒著丟掉工作的險，搞到翻臉，給她難堪。甚至還說她已幫我解決一大部分困難，否則老闆問起來一點進度都沒有怎麼辦？她這是在好心幫我按捺老闆。

不能被擊垮，還要更堅強

這個邏輯搞得我懷疑人生，冰冷刺骨的四個字「你看著辦」言猶在耳，我開始胡思亂想：為何我的命這麼不好？是不是祖墳風水有問題？還是姓名筆劃不好？她到底為什麼要這樣弄我？我沒有偷懶或得罪她啊？接著幾天，傳統八點檔情緒一直燃燒著，看到她就忍不住怒瞪，盤算著總有一天要把她鬥倒，剎那間頭頂冒出惡魔之角……但一想到工作還沒搞定，那個角又秒縮！冷靜、冷靜，既然傷害已經造成，不要再繼續傷害自己。

開始動腦筋想辦法，我跟同事問有沒有曾經採訪過的相關人，再一個個詢問、拜託，希望有人認識教授周邊的人，真的只差沒去他教課的大學門口跪著求。

當時沒有臉書，找人很花工夫，繞一大圈最後還是辦成了。過程很煎熬，因為沒人教，只能摸石過河。秉持不恥下問的精神，串連起教授的關係，慢慢一步步靠近，最後找到他的學生，才終於成功聯絡上。

承受陷害後，第一件事要想清楚怎麼解除被害的窘境，如果上演起宮鬥戲，大家咬來咬去內耗不止，就不會有進步，誰也沒有好下場。因為你只有一顆心一個腦子，天天想方設法弄人防備人，哪有時間處理正經事？要拿出《鬼滅之刃》那種打怪的決心，當務之急是把任務完成，如此才能無畏任何自編自導自演的沙發鬼。

在職場上難免會遇到這種狀況，有些身處高層的人沒擔當，反而只會扯後腿、爭功諉過，責任屬下扛，功勞全歸他。跟這種人配合你什麼都要做，他卻整天閒閒，也因此讓很多人以為往上爬就可以輕鬆，事情丟給基層的做。但未來的世界是講求團隊合作，每個工作都需要很多人配合，所以要更專業，別人才會來搶著和你合作。如果你只會耍心機、討好上司、不求成長，終究會被淘汰的。

到現在還記得訪問教授的那天，我蹲在一旁邊看邊想：「阿輝，做得好！即使功勞全歸沙發鬼主管又如何？」若干年後再遇到她，心裡忍不住地鼓勵自己：「阿輝，跟人家比起來你真的不是優秀的咖，但你只要比別人努力多做一點，就贏了。」

許傑輝的 管家心理自學法㉕

未來世界是講求專業團隊的，
每個工作都需要互相配合，
只要讓自己不斷進步，
大家都會搶著和你合作。

討拍？都是在白費力氣

不過事情發生的當下，我到底是年輕人、沉不住氣，到處訴苦，結果當然於事無補，不見得人人會站在我這邊，而且沒有人願意得罪那位沙發鬼。事後想明白討拍都是白費力氣。

年終時，她冷不防地站起來大聲吆喝：「快要辦尾牙了，我們阿輝最會辦這種活動，尾牙就給他負責嘍。」然後拍手鼓掌，讓大家跟著起鬨。莫名其妙地，又多了一件麻煩事。

因為經費有限，不可能請公關公司辦理，一切只好我全包。像採買禮物、找餐廳、規劃節目、安排抽獎等等細節，不能花太多錢，又要很有趣，還要讓大家吃得很好、獎品拿得很滿意，眾人之事是最困難的。瑣碎事務差不多喬好時，我去採買禮物，挖空心思想著第一特獎要買什麼才好，正好看到有個做成復古留聲機型的CD player，漂亮的古銅色喇叭很吸引人，就買來當最大獎，抽中的人一定會很喜歡。

尾牙當天，我在台上當主持人，幫忙一位位主管和貴賓抽獎。最後要抽第一獎了，貴賓上台把手伸進抽獎箱中攪啊翻呀，我在旁炒氣氛，全場一片緊張興奮，沸騰到最高點。「好的，現在請您宣布得獎的是……」我熱切地拉長音，貴賓打開紙條，緩緩唸出：「許、傑、輝。」真的像電視劇編的劇本一樣，好巧不巧，偏偏我被抽中。人生第一次抽中最大獎居然是自己準備的，正覺得又好笑又高興時，沒想到台下一片噓聲，大家懷疑我這個承辦尾牙的人作弊！本來歡欣鼓舞地想著總算有點好運，結果竟然遭到同事如此對待，做到流汗還要被口水淹死？

就這樣，在疑惑受傷的心情中，尾牙總算結束了。我騎著摩托車把留聲機放在腳踏板上，載著它越騎越氣……經過垃圾場時，用盡全力一個側踢，看它踉踉蹌蹌跌進垃圾堆後，毫不眷戀地揚長而去。滿腦子仍在想為什麼落得如此下場？吃力不討好還要遭受羞辱？可能大家覺得只是開開玩笑，但怎麼沒有人看出我很在意？怎麼沒有人來打個圓場，讓我心滿意足地抱著大獎慰勞自己？

直到現在，那件事一直像個陰影般，讓我參加此類活動再也沒有期待，如果運氣好抽中獎金就捐出來給大家再抽，不夠分我會再提供更多。皆大歡喜、人人有獎才是這種活動的用意，重點不在多寡，但有時會暴露一些人性的自私和貪婪，好像覺得別人的饋贈是理所當然的，甚至大剌剌地表現出不滿意，連一點感恩和溫暖都沒有。不過我並沒有因此變得冷漠吝嗇，而是更想慷慨地對待別人。當年滿腹委屈，周圍沒有人照顧我的心情，所以我更能保持同理心，體貼別人，隨時想讓所有人開心。

擁有的人要懂得分享，得到的人要真心感謝。如今我已過五十歲，雖不敢說知天命，但有些事想得更明白了。保有善良的心，真誠對別人好，也就是「愛人如己」，希望別人怎樣對你，你就先那樣對別人，自然不會再覺得世界對你不公平。

許傑輝的
管家心理自學法㉖

爸爸媽媽沒受過高等教育，
但他們各教我一件事。
爸爸：「做事情要用頭腦」。
媽媽：「做牛要拖、做人要磨」。

創造遊戲的能力

不要認為玩家家酒是女生的遊戲，
這個遊戲其實蘊含著很多反應練習的機會。

什麼時候開始，我們忘記了如何玩耍？

在現代社會中，每個人的日常被工作填滿，不斷抱怨又不得不向現實低頭，如果再加上下一代的問題，更是無數的煩惱憂慮。惡性循環下，就是疲累的父母用傳統方式逼著小孩念書學才藝，小孩很勉強地完成父母的期望，接著親子關係亮紅燈就一點也不意外。關於親子互動的這個領域，我有一個獨門祕方，就是「玩遊戲」。這是我向來熱中的事，當朋友遇到狀況時，真的是個百試不爽的招數。

才剛認識的劇照師跟我訴苦，說以前工作完回到家，兩個女兒就會圍上來說：「媽媽，我們來玩。」她總是很虛弱地推說自己太累了，久而久之，她進家門時說：「媽媽回來了。」兩個女兒就喔一聲，繼續自顧自不理她，讓她很失落。但她不知道該怎麼改善，覺得女兒太小，一個六歲，一個才四歲，根本聽不懂大人世界的無奈，再說她也完全不擅長陪孩子玩。

在我看來，這種年紀的孩子明明是最好玩的時候啊！玩遊戲不需要聽得懂大道理，就像訓練狗狗，牠聽不懂人話，但你一個手勢一個聲音牠就會乖乖坐下或狂奔來，牠做對了就鼓勵；小孩也一樣，當她們想跟妳玩的時候，妳再累也要互動一下，即使像逗寵物一樣都好，但妳一次次拒絕，她們當然就不再奢望媽媽的陪伴。我接著問劇照師：「妳記得女兒想跟妳玩什麼嗎？」她說家家酒，我立刻想出一個遊戲演給她看，要她回家一定要試試。

朋友有點懷疑，但點頭表示會實驗看看。當天回家她把門一開，就學著我教的那一套，故意假裝是顧客登門，拉高嗓門說：「老闆！請問妳們還有營業嗎？」

兩個女兒目光看向剛踏進家門的媽媽，然後瞬間進入接招狀態，她接著照台詞說：「頭好癢喔，我想洗個頭吔。」大女兒回過神來，興奮地走向她說：「有的，有的，這邊請坐。」擺出歡迎的手勢要她坐在有靠背的椅子上，小女兒則去拿一條毛巾披在她肩膀上。這時媽媽又故意說：「不好意思這麼晚來，妳們是不是要下班了？」兩個女兒異口同聲說：「沒關係，沒關係。」大女兒站在小板凳上幫她捏肩膀，雖然動作不太正確，但程序一樣不漏，捏著捏著還問一句：「這樣會不會太重？還有哪裡要加強？」小女兒還端杯水出來……

她忍住笑，看兩個女兒忙著進浴室，根據自己的想像弄個洗頭髮的檯子，母女三人玩得不亦樂乎。更妙的是，從此以後女兒們偶爾失控耍賴時，她只要拉長音嗲嗲的一聲：「老闆——」女兒彷彿兩隻狐獴從沙堆中猛地抬頭觀望——媽媽要玩洗髮遊戲了！立刻忘記哭鬧，認真地進入狀況表演起來，剎那間家裡變成一間美容院，怎麼玩都不會膩，小小遊戲大大成功。

許傑輝的

管家心理自學法㉗

把遊戲和表演融入現實生活，學著自己跟自己玩吧！

不快樂的框架

同樣的招數我也對付過外甥女，她常常假日從早寫功課到晚，中間還要練琴，有時忍不住鬧脾氣，我就會喊：「經理，請問還可以點一杯熱拿鐵嗎？」她從噘嘴怒目換成可愛的笑臉說：「請稍等，馬上為您服務。」因為知道姨丈要玩角色扮演的遊戲了，然後喜孜孜地問姨媽怎麼調拿鐵，不但學習到新事物又能表現給我看。沒多久她端來一杯拿鐵，我呷一口說：「嗯，不錯，我會給妳五顆星點評。」外甥女很有禮貌地鞠躬道謝，繼續編台詞，殷勤地扮演咖啡店經理。

還有一個朋友是單親媽媽，她有一兒一女，哥哥已經上國中了，很愛當老大，動不動責罵妹妹。她不知道該怎麼管教，我就靈機一動：「好，今天大家來扮演比哥哥年紀小的孩子，哥哥，你試試看如何處理弟弟妹妹的問題。」接著所有大人變成三、五歲小鬼頭，開始假裝搶玩具零食、打架鬥嘴，搞得天翻地覆，哥哥果然很努力想辦法，一一解決紛爭。這個遊戲讓他學到不要只會罵妹妹，而是要像個小男人，承擔起一些責任。

長大成人後，很多人忘了怎麼玩耍，更不會自己幻想、發明各種遊戲，世界簡直從彩色變黑白。當了父母更恐怖，天天只盯著小孩功課、問成績、和別家比較……想想看，如果有一天你回家，兒女兇巴巴地問：「你怎麼現在才回來？怎麼都沒加薪？你怎麼還沒升經理？隔壁的王先生已經升到副總……」你能忍受嗎？那為什麼父母要這樣對孩子呢？

親情之間的對話只剩下一堆功課與成績，想當然會疏遠。當孩子想黏著父母，父母沒空理會；等到孩子長大了，換成父母想黏孩子，卻已經越來越難溝通。

我們看動物星球、Discovery，大自然裡動物總互相咬來咬去，那不只是拚鬥，而是在玩耍嬉戲中做練習；但人類被規範在框架、制度裡，每個人都乏味又緊繃，只想著競逐名利成就，失去原始的童真，於是大家都不快樂。

▶生活就是要會「玩遊戲」

至於用遊戲解決問題的邏輯到底怎麼發展的？似乎從童年我就學會了。以前媽媽總叫我去倒垃圾，因為弟弟還小，姊姊青春期很叛逆、叫不動。原本覺得自己很衰，要提著一大包臭烘烘的髒東西，跑去定點等垃圾車，有時候慢了還要追著垃圾車跑。

但後來我發現了「拾荒老人」的樂趣，有時候撿回來的東西比丟出去的還多。媽媽總是劈頭先罵一頓，我辯駁說：「妳看，這個都沒壞還能用，那個很漂亮可以當花瓶……」媽媽繼續邊叨唸邊看貨，忽然停下來說：「對吔，這個還不錯。」從此，這樁沒有人願意做的苦差事變成尋寶遊戲，一聽到垃圾車來，我立刻舉手衝出去，邊丟垃圾邊挑揀好物，沒收穫等明天再找，有收穫媽媽會稱讚。

擔任低階工作也很需要這份傻勁，譬如說影印劇本這種無聊單調的工作，我會把印好的紙張分成一份份，弄得整整齊齊，再裝上封面、釘上釘書針，簡直像在中藥行配藥般，當歸五錢、枸杞一把、黃耆三片……其實是很枯燥，沒有人想做，沒有人陪伴，所以忍不住自己跟自己玩起來，甚至演得太開心，同事也被吸引一起來幫忙。

當管家時更有趣了，連使用吸塵器也很好玩。看阿桑邊吸地板邊怨歹命，好像每把插頭拔下、換插另一個插座就又要哀嘆一次。我把吸塵器拿來，總是比她們輕鬆地打掃乾淨，因為我會先觀察場地，找出中軸切一半，就能發現插在哪個插座最方便、可以清理最大面積，省下很多拔插頭咳聲嘆氣的牢騷。

這件事當然沒什麼了不起，但如果能運用在職場上，懂得用腦子，插對插座等同於找對方法，自然會更有效率，並產生樂趣與成就感。

尤其目前全球後疫情時代，越來越多人在家獨自工作，缺少與同事直接互動，心情也多半很苦悶，不如轉念運用想像力，把遊戲和表演融入現實生活，學著自己跟自己玩吧！

許傑輝的
管家心理自學法㉘

會玩的小朋友比較有想像力、創造力。

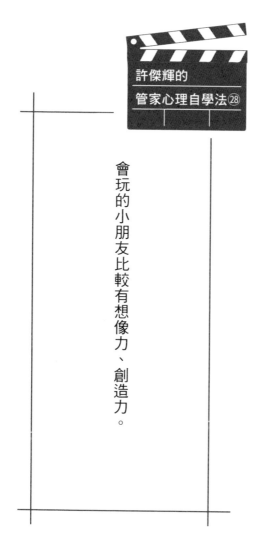

表演是我的信仰

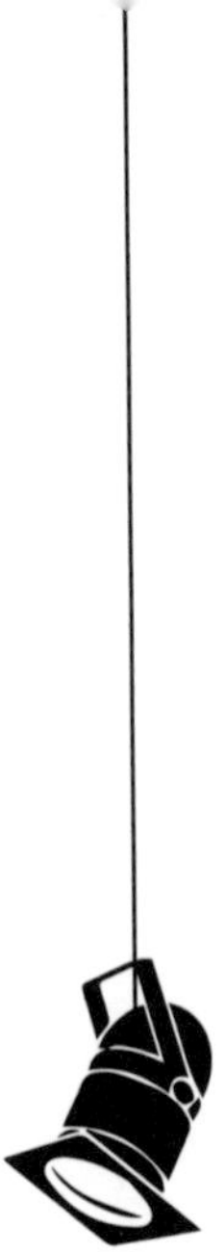

一股從樓下飄上來煎魚的香味會讓你想到什麼？可能我會表演阿拉丁神燈，你會想到嘴饞的貓咪在煎魚，她也許就寫出一首詩……打開感官去體會身旁的點點滴滴，並從中學習，這樣的生命才卡有促咪啦。

▶不斷去找可以「學習」的老師

前陣子我去錄影時，看到認識很多年的製作人眼神很乾枯，他抱怨說被工作壓榨到沒靈魂了，每天依主管命令修改一些雞毛蒜皮的細節，不能照自己的創意做節目，實在很痛苦，想離職但又怕找不到工作。

我建議他為何不試著做出自己的頻道？現在講求的是各種創意，接地氣的構想一夕爆紅，內容夠不夠吸引人是重點，不要再老套路了……就像《我的婆婆怎麼那麼可愛》大受好評，如果不是製作人和團隊有新的想法，以傳統戲劇的選角習慣應該不會找像我們這樣的組合，可見有新意、節目精采有質感，收視率自然就會高。

人生總會遇到許多選擇，要發揮自己的特長必須在適合的環境中，就像在冠軍隊伍裡打球，每個隊友都是厲害角色，你不厲害都不行。但你若在萬年墊底的團隊裡，可能就會隨便應付，反正怎樣也拿不到獎盃。所以你要麼當領頭羊、進行大改造，要麼就另尋新的機會，隨波逐流只會慢慢把夢想和能力都消磨殆盡。

離開學校出社會以後，多半人大概就進入緩慢的學習期了，因為重心全放在「生存」這一件事上。即使運動、娛樂、與朋友家人相處，可能也都只是半麻木地打發時間，人生後半場變成某種漩渦，再也沒有老師，再也沒有時間或精力學習，可能連一本書一部電影都懶得仔細思索其中含意，在我心中，這樣過日子太浪費生命了。一生當中要不斷去找老師，也許這個老師是一朵花、一隻狗、一個表情、一個情緒、一樁倒楣事、一場突然的驚喜……任何人、事、物都可能讓你從中學習到某種觀點、技術、感動、啟發，要保持努力學習的態度，因為這代表著你想讓自己變得更好。

獨處，找出真正的自己

我一直很喜歡種菜，之前只想到土壤要保濕就只用泥炭土，結果土太黏板結，根長不下去。我仔細研究一番，菜要種得好就是土壤酸鹼的問題，於是決定把土全部翻了一遍，加進鬆軟的培養土、砂質壤土、菜肥土……從頭開始。全部翻新的過程很辛苦。但這些都無所謂，因為我知道菜園會越來越欣欣向榮，以後可以長出很多漂亮的蔬果，給老婆烹飪美食，還可以ＰＯ在臉書分享當城市農夫的喜悅。

學習與進步是件最美好的事，我所謂的學習就是諸如此類，並非只有讀到高學歷或考上高難度的證照。別人不是以學歷來評價你，而是你有沒有在某些事物上用心去學習並且展現出來。到底要不要做這件事？做的時候會不會開心？如果天天苦著臉熬就趕快轉行，當然也不能一遇到過不去的坎就落跑，想出解決之道搞不好撥雲見日。像我就會自娛娛人弄出很搞笑很戲劇的過關方式，大家也都可以創造私人祕方來突破難題，而不是立刻放棄，在騎驢找馬中抱怨度日。

這幾天晚上常睡不著，因為忙著記憶十月的風是什麼聲音，希望明年能聽得出來「去年十月的風又回來了」！或許你們會覺得這是一個什麼奇怪的動作啊，但我覺得聽風的聲音很浪漫，而且會不會不只有我自己一個人在做這樣的事？我甚至突發奇想它們會不會因為疫情也被隔離，所以晚來一個月？由此又讓我聯想到老天爺安排新冠病毒是要教育大家什麼事？應該就是讓全世界的人類學著不要一天到晚群聚，多留一些時間獨處或是跟家人相處，自己跟自己對話、自己給自己鼓勵、自己跟自己玩耍，並讓自己跟自己成長。

多一點觀察與學習，生活裡有無限想像，每個人體悟不同，彷彿是你的寶藏，就看能不能努力篩選出來。

表演是我的信仰，就像電影《大娛樂家》中那句名言：「世界上最高貴的表演就是娛樂別人。」真心渴盼我的表演、我的電影、我的這本書，能陪伴需要陪伴的你，讓更多人感到愉快，並從中獲得一點點啟發，那就是我最大的榮幸。

許傑輝的
管家心理自學法㉙

多留一些時間獨處，
自己跟自己對話、自己給自己鼓勵、
自己和自己玩耍，
並讓自己幫助自己成長。

Creative 170

我不是最耀眼的但可以是最努力的：
許傑輝的管家心理自學法

作　　者—許傑輝
文字協力—金文蕙
出　版　者—大田出版有限公司
台北市一〇四四五中山北路二段二十六巷二號二樓
E-mail—titan@morningstar.com.tw http：//www.titan3.com.tw
編輯部專線—（02）2562-1383 傳真：（02）2581-8761
總　編　輯—莊培園
副總編輯—蔡鳳儀
行政編輯—鄭鈺澐
校　　對—黃薇霓／金文蕙／黃素芬
內文設計—陳柔含
初　　刷—二〇二二年一月一日　定價：三五〇元
五　　刷—二〇二二年四月一日
購書 E-mail—service@morningstar.com.tw
TEL：04-2359-5819 FAX：04-2359-5493
網路書店—http://www.morningstar.com.tw（晨星網路書店）
郵政劃撥—15060393（知己圖書股份有限公司）
印　　刷—上好印刷股份有限公司
國際書碼—978-986-179-658-1 CIP：177.2/110008364

填回函雙重禮
①立即送購書優惠券
②抽獎小禮物

國家圖書館出版品預行編目資料

我不是最耀眼的但可以是最努力的／許傑輝著.
——初版——臺北市：大田，2022.01
面；公分.——（Creative；170）

ISBN 978-986-179-658-1（平裝）

177.2　　110008364